대안관광과 NGO

대안관광과 NGO

Alternative Tourism and NGOs

박재창

HU:iNE

서문

대안관광의 논리와 시민사회의 과제

관광의 민주화와 대안관광의 등장

한국의 해외 여행객이 2018년 기준 연인원 2,869만 명에 이른다. 해마다 13% 안팎으로 증가하고 있다(한국관광공사, 2020.02.03.). 한국만 이런 건 아니다. 이미 해외 관광은 인류의 새로운 문화 양식으로 자리 잡았다. 전 세계에서 매년 10억 명 이상이 해외여행에 나선다. 세계여행관광협회(WTTC: World Travel & Tourism Council)의 보고서에 따르면, 2016년 여행 및 관광 분야의 전 세계 생산 총액이 7조 6133억 달러에 달한다. 세계 GDP의 10.2%에 해당된다. 이는 전년보다 3.3% 성장한 수치이다. 전 세계의 일자리 10개 중 1개가 관광과 관련된 산업에서 창출된다. 세계 일자리의 9.6%에 해당하는 2억 9,200만 명이 여행 및 관광 분야에 종사한다. 여행 및 관광 분야는 2027년까지 연평균 3.9% 정도로 성장하고, 세계 GDP의 11%를 점유하며, 3억 8,000만 명이 종사하게 될 것으로 전망된다(한범수, 2017: 13).

이렇듯 해외 관광이 상승세를 타는 것은 정보사회의 도래로 인한 일상의 지구화 경향과 무관치 않다. 그러나 보다 본질적으로는 인류에게 이동에 대한 본능이 각인되어 있기 때문일 것이다. 프랑스의 실존주의 철학자 가브리엘 마르셀(Gabriel Honore Marecel)은 인류를 호모 비아토르(homo viator)라고 규정한 바 있다. 인간은 끊임없이 이동해 왔고 그런 본능이 우리 몸에 새겨져 있다는 것이다. 아마도 어디로든 움직여야 생존할 수 있었던 유목민(nomad)의 유전인자를 물려받은 탓이 아닐까? 이런 이동 본능은 몸을 움직이지 않아도 시공간을 초월해서 유사 체험이 가능한 정보화 사회에서조차 오히려 관광이 보다 더 폭주하는 시대적 특성을 낳았다. 아니 관광을 인류문명의 새로운 장을 여는 창문이라고 해야 할 만큼 그 의미와 내용이 급속도로 변모하고 확장하며 이동(?)하는 시대에 살고 있다.

원래 관광은 중세 유럽의 경우 귀족과 유한계급의 독점물이었다. 그러나 특권 계급이 누리던 유락 활동으로서의 "해변 즐기기"는 산업화가 진행되면서 관광의 지경을 국가의 경계를 넘어 지구의 변방을 향해 지속적으로 확장하는 변화를 낳았다. 산업화로 인해 경제적으로 윤택해졌을 뿐만 아니라 노동시간의 단축을 통해 여가시간이 크게 늘어난 탓이었다. 이런 생활 속의 여유는 중산층으로 하여금 대거 관광활동에 나설 수 있는 물질적 토대를 제공해주었다. 이로 인해 관광의 사회적 보편화 내지는 탈계급화가 진행되었다. 학교 교육이 일반화하자 보통 사람들의 인식과 지혜의 폭이 넓어지고 미지의 세계에 대한 두려움을 걷어내면서 그 자리에 논리적 추론과 새로운 지식과 정보에 대한 열망을 심는 변화도 낳았다. 보통 사람도 미지의 세계를 찾아 부족한 체험과 정보를 채우고자 관광에 나서는 여행의 대중화 시대를 열게 된 것이다.

이렇듯 산업사회에 기반한 대중민주주의 시대의 도래는 사회구조적인 관점에서 볼 때 관광 향유권의 민주화를 불러왔을 뿐만 아니라 관광 자체의 민주적 운영을 주문하는 변화로도 구체화 되어 나타났다. 관광 자체에 대한 인식론적 프레임이 소수의 엘리트 의존적인 데에서 벗어나 포디즘(Fordism)에 기초한 기계론적 세계관으로 재편된 탓이다. 기계론적 세계관이 평등주의에 기초한 뉴턴식 민주주의(Newtonian democracy)를 불러왔으며 근대 민주정체의 골간인 대의민주주의(representative democracy)의 토대가 되었다는 사실은 췌언을 요하지 않는다. 이런 변화는 관광의 물리적 토대에도 변화를 불러왔다.

철도, 호화 여객선, 비행기 등을 통해 여행의 용이성, 신속성, 접근성이 높아지고 무엇보다도 상업적 성격의 호텔이 일반화하면서 보통 사람을 상대로 운영되는 단체관광이 개발되기 시작했다. 이로 인해 관광의 상품화가 진행되고, 그에 따라 여행 일정을 대신 준비해주는 전문 여행사가 등장하게 되었다. 정치과정이 대리인 체제에 의존하는 것처럼 여행의 관리도 대리인에게 맡길 수 있게 된 것이다. 이로 인해 여행 비용과 시간이 절감되고 여행 일정 준비를 위해 관광객이 직접 수고하는 노력을 줄일 수 있게 되었다. 전문 안내인으로 인해 보통 사람도 외국어의 구사 같은 의사소통상의 불편을 해소하는 변화도 낳았다. 대중관광을 추동하는 환경적 토대가 갖추어지기 시작한 것이다.

더 나아가 양차 세계대전이 끝나고 복지국가가 등장하면서 소외계층에 대한 사회복지 차원의 관광정책이 실시되고, 그 결과 전 국민이 관광에 나설 수 있는 사회경제적 기반이 마련되었다. 엘리트관광의 시대가 저물고 보편적 사회관광(social tourism)의 시대가 열린 것이다. 이는 관광자원의 공급 환경을 급격히 개선하면서 대중관광(mass tourism)의 시대가 도래하게 되었음을 뜻한다. 그러나 대중관광은 상업관광(commodified tourism) 내지는 관행적 관광(conventional tourism)으로 자리매김하면서 "원하지 않는 관광(not-wanted tourism)"으로 평가되는 결과를 낳았다.

관광이 상품화하면서 다국적 기업에 대한 의존도가 높아지고 창출된 이윤이 방문지 지역사회의 생활경제권 외부로 유출되거나, 농업종사자 중심의 전통적인 노동 인력 구조가 서비스 산업 중심으로 재편되고, 이런 접대산업 중심으로의 사회구조 변화는 지역사회공동체의 기본 성격을 바꾸는 결과를 불러왔다. 방문지 지역사회의 수용 능력을 초과하는 방문자의 증가가 교통의 체증이나 환경오염 나아가 자연환경의 파괴로 구체화되어 나타나기도 했다. 역사 및 문화 유적의 훼손이나 지역공동체의 사회문화적 정체성을 위협하는 일도 빈발하게 되었다.

이런 대중관광의 폐해에 대한 반동으로 등장한 것이 바로 대안관광이다. 1980년대에 들어서면서 정보사회의 도래가 본격화하고 지구화 시대가 열리게 되자 후기 근대의 프레임을 통해 기존의 관행적인 대중관광에 배태되어 있던 내재율을 해체하고 새로운 패러다임으로 관광산업을 재구성하려는 시도가 거듭되기에 이른 것이다. 대량생산 대량소비를 당연시하는 포디즘 시대를 뒤로하고 관광에서의 후기 포디즘(post-Fordism) 시대를 열자는 요구가 분출하게 되었다. 이는 관광의 인식론적 프레임 자체가 탈규격성, 개방성, 역동성을 포섭하면서 민주성을 한 단계 더 강화하게 되었음을 뜻한다. 이런 관광 정체성의 급진적인 변화는 대안관광이 멀지 않은 장래에 관광의 주류를 형성하게 될 것이라는 조망을 서슴

없이 내놓게 하는(UNEP & UNWTO, 2005) 근인이 되었다.

관광의 협력적 거버넌스와 사회참여 관광의 모색

사실 주류관광에 대한 대응 양식으로서의 대안관광은 그의 연조가 꽤 오래되었다. 로마제국 시대에도 디베소리아(diversoria)로 불리는 개인 빌라(private villas)에 대한 대안으로 타베르나스(tavernas)로 칭하는 여인숙의 작은 방(lodging in small rooms) 이용이 제안되었다. 19세기에는 토마스 쿡(Thomas Cook)과 조지 풀만(George Pullman)의 기차여행에 대한 대안으로 하이킹이나 트레킹 같은 트렘핑(tramping)이 등장한 바 있다. 20세기 초입에는 주류를 이루는 대중관광에 대한 사회문화적 저항의 한 양식으로 히치하이킹과 함께 히피 같은 주류문화의 일탈자들이 개인이나 소규모 집단을 단위로 도보 여행, 바지선을 타는 운하 여행, 자전거 여행, 민박과 농장 유숙 등을 즐기는 현상이 등장하기도 했다(Eadington & Smith, 1992: 3-6).

그러나 1980년대 이후 확산일로에 있는 오늘날의 대안관광에 주목하는 이유는 먼저 관광의 생산양식에 있어 규격화, 표준화된 관광 프로그램을 소품종 대량생산하는 데에서 벗어나 탈규격화, 비표준화된 프로그램을 다품종 소량생산하고, 소비의 양식에 있어서도 한정된 선택지를 대량소비하는 데에서 벗어나 다양한 종류의 프로그램을 적정 수준에서 소비하는 체제로 전환하게 되었기 때문이다. 규모의 축소와 종류의 다양화가 추진되었다는 의미이다. 그러나 그렇다고 해서 후기 포디즘 자체가 포디즘의 속성을 일거에 단절하거나 대체하는 것은 아니다. 후기 포디즘은 포디즘의 속성이 지속되는 가운데 후기 포디즘의 속성이 등장하고 점진적으로 확산되는 전개 양식을 취한다. 그런 까닭에 대중관광이 지속되는 가운데 작은 규모의 대안관광이 다양하게 펼쳐지는 양식으로 구체화 될 것은 당연한 이치이다. 틈새관광(niche tourism)의 시대가 열리는 이유이다.

그런데 이 틈새관광은 대체로 보아 세 갈래의 전개 양식을 취한다. 먼저 틈새관광의 포디즘화 경향이다. 후기 포디즘 시대의 관광 생산이 그의 규모 면에서 틈새관광의 양식을 취하더라도 특정 틈새관광에 대한 수요가 커지는 경우 그의 소비는 대량소비의 양식을 취하게 된다. 틈새관광의 대중관광화 현상이 등장하는 것이다. 다양한 양식의 특수목적 관광(SIT: Special Interest Tourism)이 그 운영 실제에 있어서는 마치 대중관광과 유사한 규모로 집행되는 데에서 흔히 발견된다. 둘째로는 상대적으로 소규모의 틈새관광이 진행되면서 서로 네트워크화하여 전체적으로 보면 대량생산 대량소비의 대중관광 형식을 취하지만 개별 관광의 관점에서 보면 틈새관광의 속성을 유지하는 경우이다. 아시아태평양 YMCA 연맹의 대안관광 프로그램인 지구대안관광네트워크(GATN: Global Alternative Tourism Network)가 대표적인 사례이다. GATN의 우산 아래에서 개별 회원국 사이에 다양한 종류의 특수목적 관광 프로그램이 수행되지만 이들 전체를 묶어 GATN이라는 공동 브랜드 내지는 네트워크 체제 아래 진행되는 까닭에 대량생산의 속성을 내포하게 된다. 때로는 틈새관광 때로는 대중관광의 속성을 보여 양면적 성질을 배태하는 경우이다. 셋째로는 틈새관광이 점차 보다 더 소규모화하고 특화하는 변화를 거듭하는 경우이다. 이렇듯 틈새관광의 규모가 축소되는 현상이 거듭하는 경우 이는 단순히 단위 대안관광의 규모가 줄어드는 것만을 의미하지 않는다. 대안관광의 단위가 소규모 집단에서 개인 차원으로 이동하면서 틈새관광의 성격 자체를 바꾸는 급진적인 변화를 낳는다. 개인 중심으로 특화된 관광의 정련된 모습이 관광과 삶의 일상이 합일화하는 양식을 취하게 되기 때문이다.

이렇듯 관광과 일상이 합일화하는 경향은 흔히 사회참여 관광에서 두드러지게 나타난다. 원래 대중관광은 관광의 주체가 관광의 대상을 일방적으로 관조하자는 것이기 때문에 양자 사이에 일정한 정도의 거리 두기를 전제로 관광의 프레임이 구성된다. 그러나 대안관광은 관광의 주체와 객체 사이의 거리가 상대적으로 좁혀지면서 단순히 관조하는 것이 아니라 양자 사이의 상호작용 내지는 관광의 주체에 의한 객체의 이해와 해석에 주안점을 두자는 것으로 정리된다. 후기 근대 관광(제4장), 지속가능관광(제5장), 환경관광(제6장) 같은 특수목적 관광의 경우에는 관광의 의미론적 효용 가치를 추구하면서 관광이 일상용품화하는 데에서 확인해 볼 수 있다. 관광의 존재론적 패러다임이 바뀌는 것이다. 그러나 여기에서 더 나아가 관광의 주체와 객체가 합일화하는 방향으로 이동하여 양자 사이의 인식론적 거리가 보다 더 좁혀지는 경우에는 관광이 일상이자 일상이 관광이기도 한 방향으로의 이동을 가속화하게 된다. 그렇다고 해서 아직 양자가 완전히 합치하는 단계에까지 이르는 것은 아니다. 그러나 관광의 정체성에 보다 더 급진적이고 근본적인 변화가 나타나게 되는 것은 물론이다. 흔히 사회운동관광(제1장), 자원봉사관광(제2장)이나 시민외교관광(3장)을 통해 드러나는 사회참여 관광의 현장에서 발현되는 일이다. 그렇기 때문에 관광을 통한 사회참여는 비록 소집단의 양식을 취하더라도 기본적으로는 참여자 개인 단위의 관광과 다름없으며 관광객 개개인으로 특화된 자기 성찰성을 동반하는 성질을 지녔다.

이렇듯 대안관광은 단순히 관광의 전개 양식을 다원화하는 데에 그치는 것이 아니라 관광을 통해 얻고자 하는 목적 가치상의 변화를 보다 적극적으로 동반한다는 데에 또 다른 특징이 있다. 관광 지원 서비스를 대규모 유락시설이나 호텔, 리조트 등을 통해 제공하던 데에서 벗어나 홈스테이, 농장 체류, B & B, 게스트 하우스, 자연 휴양지, 오두막, 사냥막, 건강 농막 등을 활용하는 데에서 보는 것처럼 단순히 관광 지원 서비스의 물리적 환경을 바꾸자는 것이 아니라 관광의 목적과 관광을 대하는 자세 자체를 바꾸자는 것으로 이해해야 하는 이유이다. 오늘날의 대안관광은 체험 학습, 가치 부가, 생태 보존, 연성 모험, 사회 현안 인식, 토착문화 체험, 지역사회 참여, 지역사회 기반 운영 등에서 보는 바와 같이 다양한 양식의 특화된 목적여행을 지향하는 것일 뿐만 아니라 관광 자체를 자유, 평등, 윤리, 생명 같은 사회적 가치를 유지, 발양하기 위한 수단으로 인식하고 접근하는 경향성을 노정하게 되었다. 이는 관광을 기성의 가치 소비자에서 새로운 사회적 가치의 생산자로 인식하고 다루게 되었음을 뜻한다.

이를 구조적인 관점에서 보면 기존에는 관광 프로그램의 기획, 집행, 평가에 대한 통제권을 관광객 내지는 관광 매개기관이 지배하던 데에서 벗어나 방문지 지역사회의 비중과 언권을 강화하고 더 나아가 관광객, 관광의 매개기관, 방문지 지역사회 모두가 서로 협력하고 공조하는 양식으로 관광의 전개 과정이 변모하게 되었음을 뜻한다. 관광의 협력적 거버넌스 시대가 열리게 된 것이다. 그 결과 방문지 지역사회로서는 외부인이 아니라 지역주민 스스로에 의해 관광으로 인한 지역사회의 발전 강도와 보폭을 관리하고 조절할 수 있게 되었다(Holden, 2000: 92; Benson,

2005: 134). 관광과 관련한 방문지 지역주민 스스로의 자기 결정권 행사 내지는 자치의 시대가 열리게 된 것이다.

이는 또한 관광이 지향하는 사회적 목적 가치를 정하는 데에 있어 관광객이나 관광 매개기관 중심의 일방주의에서 벗어나 방문지 지역사회 내지는 지역주민과의 상호작용에 주안점을 두는 방향으로 변화가 일어나게 되었음을 뜻한다. 이로 인해 관광의 수단 가치가 단순히 관광객의 미학적 쾌락이나 이기적 유희를 충족시키거나 관광 매개기관의 상업적 이윤 증식을 배려하는 데에서 벗어나 방문지 지역사회에 미치는 영향과 함께 그 지역주민의 선호와 참여 및 언권을 배려하는 양식으로 재편되기에 이르렀다. 실제로 대안관광의 초기에는 관광객 중심주의가 대종을 이루었기 때문에 대중관광이 관광객의 이기적 유희나 쾌락을 지향하는 데에 반해 대안관광은 관광객의 이타주의적 헌신이나 사회 체험을 통해 자기 학습과 성찰에 이르기 위한 것이라는 인식이 지배적이었다. 관광을 구성하는 개인, 집단, 사회의 3중원 가운데 주로 관광객 개인 차원에 초점을 맞추어 접근한 결과이다. 그러나 관광의 전개 과정에서 관광 관련자들 사이의 평등주의 내지는 호혜주의가 점차 자리 잡게 되면서 대중관광에 내포되어 있는 착취적, 파괴적 요소를 극복하고 관광 관련 이해당사자들 모두의 균형적인 이익의 배분, 상호 이익의 증진, 서로의 자긍심과 권리의 신장에 기여하는 방향으로 관광의 운영 양식을 바꾸어야 한다는 인식이 확산되기에 이르렀다.

따라서 대안관광을 공식적으로 다룬 최초의 논전장이라고 할 수 있는 1984년의 창마이 워크숍에서 "아시아를 중심으로 하는 대안관광"을 주제로 논의하는 가운데 대안관광을 보통 사람의 참여 가능성을 모색하는 관광, 방문지와 관광객 사이에서 이루어지는 정의로운 여행(just form of travel) 또는 관광 참여자들 사이의 상호이해를 증진하고, 박애, 연대와 평등을 지향하는 여행으로 규정한 것은 매우 자연스러운 귀결로 여겨진다(Holden, 1984: 15). 이제 관광을 단순히 어떤 것을 관찰하는 일이 아니라 현상에 대한 이해와 해석에 주안점을 두는 과제(from observing to interpretation and understanding)로 이해하기에 이른 것이다(Harris & Howard, 1996: 57-58).

이런 관광의 정체성 이동은 대부분의 대안관광으로 하여금 특수목적 관광의 성질을 갖게 했다. 관광객 개인이나 단체가 특별히 관심을 갖는 분야의 활동 욕구를 충족하기 위해 관심 주제에 적합한 여행목적지를 방문하여 양질의 여행을 경험하고 학습하는 것을 추구하는 목적여행에 주력하게 된 것이다. 즉, 일반적인 대중관광이 여행을 결정하는 데에 있어 '어디로 여행을 갈 것인가'와 같이 여행목적지를 중심으로 선택 대안을 모색하는 데 반해 대안관광에서는 왜, 무엇을 할 것인가와 그것을 위해 어디가 보다 적합할 것인가를 순차적으로 고민하는 수순을 밟게 되었다.

후기 근대론적 접근시각과 대안관광의 미래

회고해 보면 근대의 대중관광으로부터 후기 근대의 대안관광에 이르는 과정은 저급한 수준의 쾌락을 지향하는 관광으로부터 고급한 수준의 쾌락을 위한 관광을 향해 점진적인 변화를 거듭해 왔다고 말할 수 있다. 먼저 대중관광이 소비 여행을 통해 방문지 사회의 신선함이나 매력에 빠져 눈을 즐겁게 하자는 것이라고 한다면, 특수목적 관광으로서의 대안관광은 관광의 윤리 개선이나 자연환경의 유지, 개인적인 지적 욕구의 충족같이 방문자 내지는 관광객 자신의 자기 성장을 통해 마음과 가슴을 뜨겁게 하려는 것으로 이해된다. 그런데 자원봉사관광이나 사회운동 관광같이 방문지 지역사회와 상호작용하거나 그 사회의 현장에 직접 간여하고자 하는 사회참여 관광은 여기에서 더 나아가 주관과 객관의 대화, 현재와 미래의 조화, 진리와 인간의 욕구를 조정하는 가운데 인간의 의지와 정신을 정련하고자 하는 것으로 평가된다.

대중관광이 단순한 심미주의를 추구하는 것이라고 한다면, 특수목적 관광은 여기에 도구적 합리성을 추가하고, 사회참여 관광은 도구적 합리성에 내재되어 있는 모순과 한계를 초극함으로써 양자의 통합을 통해 신합리주의를 구현하고 그 결과 총합적 심미주의에 이르고자 하는 것으로 인식된다(Zhang & Hui, 2016: 85). 따라서 사회참여 관광은 이성을 부정하는 것이 아니라 이성 내재적인 한계에 대한 비판과 부정을 통해 보다 강고한 합리성을 추구하고 나아가 인간을 진정한 인본 정신의 주체로 간주하면서 인간이 궁극적으로 지향해야 하는 과제가 무엇인가를 성찰하고자 하는 것이라고 말할 수 있다. 이렇듯 자기중심주의의 우물에서 빠져나와 타자와의 교호작용이나 타자 중심주의를 지향한다는 점에서는 관광의 정체성 인지 과정에서 방문지 지역사회의 요구와 수요에 상대적으로 보다 더 큰 비중을 두어 접근하게 되었다는 의미로 해석된다.

그런데 이런 사회참여 관광을 사회구조변동론의 관점에서 접근하는 이들은 사회참여 관광이 외피만 관광의 양식을 취하고 있을 뿐 이미 그의 속내는 더 이상 관광의 속성을 유지하는 것이 아니라는 주장을 편다. 이런 현상의 정련된 모습을 탈관광(trans-tourism)이라고 한다면 현재는 아직 아니라고 하더라도 결코 멀지 않은 장래에 관광은 탈관광으로서의 비관광(noo-tourism) 현상이나 무관광(non-tourism) 현상과 조우하게 된다는 것이다(Zotic et al, 2014: 88-89). 이때 관광이 인류의 일상 속으로 스며들면서 일체화한 결과를 비관광(noo-tourism)이라고 한다면, 일상이 관광 속으로 스며들어 일상이 관광화하는 경우를 무관광(non-tourism)이라고 구분해 볼 수 있을 것이다(Zotic et al, 2014: 84). 이들은 모두 관광의 주체와 객체가 합일화하면서 양자 사이의 거리가 철저히 증발하게 되었음을 뜻한다.

먼저 정보사회의 도래는 관광 자체의 전개 과정에 새로운 전환점을 마련한다. 자기 주도형 관광이 가능한 물리적 토대를 제공하기 때문이다. 스마트폰, 태블릿 피씨 같은 자기 주도형 정보통신기기를 통해 관광객이 스스로 관광 일정을 짜고 예약하며 결제하는 등 중간 매개기관 없이 직접 관광을 디자인하는 시대가 도래하는 것이다. 이는 마치 간접민주주의가 직접민주주의 시대로 전환하는 것과 유사하게 관광의 매개기관이나 안내인을 건너뛰어 직접 자신이 디자인한 일정을 스스로 소비하는 자기 안내형 관광 시대를 열게 된다는 의미이다. 이로 인해 관광 자체도 일방적으로 관조하거나 체험하는 것이 아니라 방문지 지역사회와의 상호작용을 통해 생산, 소비되는 일상용품으로 전환하게 된다.

관광과 일상 사이의 일체화를 저해하는 매개 요인 내지는 장애물이 증발하면서 관광과 일상생활 속의 여러 변인들이 상호작용하면서 공동 창조되는 "가치 웹(value web)"의 시대로 이행하는 것이다. 중간 매개기관 없이 직접적인 연결이 이루어지는 상호주의 내지는 "관계론적 관광(relational tourism)"의 시대를 연다는 것은 방문지의 지역주민과 함께 "생활하는 관광(live like a local)"이 이루어지고, 바로 그런 의미에서 일상 속의 관광 시대가 열리게 되었음을 뜻한다(OECD, 2014). 이런 변화는 디지털 노마드 (Digital Nomad)의 등장으로 인해 한층 더 가속화된다. 즉 정보통신기기를 통해 시간과 장소의 제약 없이 언제 어디서나 일할 수 있게 되면서 누구에게나 스스로 디자인하는 관광의 구현이 훨씬 더 용이하게 될 것은 당연한 이치이다. 그뿐만 아니라 그런 관광에 대한 참여 가능성 자체가 급진적으로 신장하는 변화를 낳는다. 관광을 자기 스스로가 디자인하는 창조관광의 시대가 열리면서 관광의 일상화를 재촉하는 것이다. 이런 창조관광이 특히 거동이 불편한 사회적 약자의 여행에 크게 기여할 것은 자명한 이치이다. 단순히 가상세계에 관한 것을 말하는 것이 아니라 실제 체험에 초점을 맞추면서도 체험의 강도와 밀도를 확장하는 간접여행의 공간을 강화해주기 때문이다. 이로 인해 관광의 일상화가 한 단계 더 가속화될 것은 자명한 이치이다.

또한 정보통신기술의 발달과 함께 등장하는 AI 시대는 현존하는 일상의 패러다임에 근본적인 변화를 낳는다. 자원기반 경제로부터 고도기술경제로의 결정적인 변화가 진행되면서 물질적 결핍에 영향받지 않는 사회를 불러오게 되는 것이다. 일상적인 노동의 양식이 사라지면서 피곤함이나 지치는 일이 없어지고 노동의 차이로 인한 사회계급의 격차가 줄어들며 그 결과 휴식의 한 양식으로 관광을 채택하고자 하는 기회 공간이 크게 확장된다. 과학기술과 로봇에 의존하는 지식기반 사회에서는 보통 사람의 일상이 매우 무료하고 심심하게 되지 않을 수 없다. 유희와 오락에 대한 수요가 커진다는 뜻이다. 관광이 일상 속으로 들어서는 이유 가운데 하나이다. 인류의 문명이 정말로 문명화되는 시대가 오는 것이다. 지식과 기술에 힘입어 격차, 부족, 결핍, 갈등, 자연파괴 등이 없는 사회가 등장하면서 인간의 일상 자체가 영속적인 지식이나 자연과 밀접하게 결속하고 그의 일부가 되는 변화를 낳는다. 이런 지구의 신 개명시대에서는 오늘날 우리가 상상할 수 없을 만큼 자유시간이 넘쳐나면서 관광이 과학기술과 결합하여 새로운 성격의 생활공간을 열게 된다. 이 경우 경제활동으로서의 관광은 사라지고, 개인이 영위하는 일상생활의 일부를 관광이 대신하게 된다. 관광이 더 이상 일상으로부터의 일탈을 시도하는 특별하고 격리된 공간이 아니라 개인의 일상 자체로 흡수되는 변화를 낳는 것이다(Edensor, 2001). 관광의 공간여행 또는 비관광(nootourism) 시대가 열린다. 이를 관광의 최종상태라고 규정해 볼 수도 있을 것이다(Zotic et al, 2014: 89).

그러나 다른 한편에서 보면 지식기반사회의 등장은 노동의 전개 양식을 범지구화하는 변화를 낳는다. 대학이나 연구조사기관 등에서 흔히 발견되는 것처럼 지식기반 노동은 학습, 조사, 연구, 회합, 인턴십 등에 대한 수요를 국제지역사회나 지구촌 수준에서 지속적으로 유발하고 그 결과 인간으로 하여금 범지구적인 이동에 나서지 않을 수 없도록 독려한다. 이런 노동의 범지구화 현상은 해외여행을 불가피하게 만들면서 업무의 수행, 휴식, 여가의 즐김 등을 융합하여 일상의 관광화 현상을 낳는다. 따라서 현재와 같은 유형의 관광은 증발하고 사라지지 않는 외형적 부분이 일부 남아 옛날의 모습을 회고할 수 있게 할 것이다.

이민의 일상화도 유사한 영향을 미친다. 정보사회와 그에 따른 지구화 시대의 도래가 국제관계의 성격을 변화시키고 그 결과 이민 촉발의 독립변수로 작용하지만 이민 자체가 지구화의 독립변수로 영향을 미치기도 한다. 지구화에 따른 국제관계의 연결성(nexus)이 어떤 한 분야에서 구현되는 경우 그것 자체가 범지구적인 연결망을 본질로 하는 자기 재생의 성질이 있어서 다른 영역이나 분야의 교류나 상호의존성을 확장하기 때문이다. 이민으로 인해 출발지와 도착지 간의 연결성이 강화되면서 이민 자체가 지구화를 촉진하는 한 요인으로 작용하고 그 결과 새로운 이민을 유발하는 유수 효과가 발생한다.

이를 사회문화적인 관점에서 보면 이민으로 인해 한 사회의 가치와 문화가 다른 사회의 그것들과 융합하면서 새로운 지구시민문화를 형성하고(Ciarniene'& Kumpikaite', 2008: 43), 이런 지구시민문화의 등장은 과거에 비해 훨씬 더 이민에 대한 사회적인 수용성을 강화하게 된다. 이민으로 인해 당면하게 되는 어떤 나라의 국민다움과 관련하여 단일 정체성을 유지하는 것이 과연 불가역적인 규범인가 하는 점에 대해 의문을 제기하게 되는 것이다. 민족국가의 경계를 넘는 지구시민문화의 등장 자체가 다차원의 문화적 정체성 유지 가능성을 시사하는 것일 뿐만 아니라 민족국가에 대한 귀속성을 초극하는 초국가주의(transnationalism)의 인식틀을 열게 된다. 이로 인해 국경을 넘는 해외여행의 빈도나 범위가 지속적으로 확산될 것은 자명한 이치이다. 여행이 인간의 가장 압도적이고 지배적인 삶의 한 양식으로 자리매김하면서 일상이 관광 속으로 수렴되는 변화를 낳는다. 관광은 이제 더 이상 일상으로부터 격리된 공간이 아니라 삶의 일부라는 점에서 무관광 시대가 열리는 것이다.

여기에 더해 2020년 지구촌 전역을 강타한 코로나19 감염병의 확산은 관광의 이런 정체성 변화를 보다 더 급속화할 전망이다. 코로나 사태가 지속되는 경우 바이러스 감염을 예방하기 위해 비대면 사회에 대한 수요가 커진다. 비록 일정 기간이 지난 후 사태가 진정된다고 하더라도 이런 사회관계 변화에 따른 경로의존성은 계속 유지될 가능성이 크다. 그렇지 않더라도 코로나 사태 발생 이전으로의 단순 복귀를 허용하지는 않게 된다. 이는 과거 페스트가 유럽을 강타한 이후 하수도 설비가 일상화했다거나 현재와 같은 양식으로 도시 구역의 기능적 분할 내지는 재편이 일어난 데에서도 확인된다.

이런 비대면 사회로의 요구는 먼저 국내적인 차원에서 볼 때 재택근무, 웹 기반 노동, 화상회의 등을 일상화하고 그 결과 노동이 일상 속으로 흡수되는 변화를 재촉한다. AI 시대를 가속화 하면서 로봇 등을 이용한 대리 노동도 급진적으로 확산하게 된다. 노동의 단위 시간당 집중도가 낮아지고 개인이 처분 가능한 시간 공간은 늘어나면서 무료한 일상으로부터의 탈출에 대한 욕구가 커진다. "생활하는 관광"에 대한 수요가 커지는 이유이다. 관광의 일상화가 촉진되면서 일상 속으로 관광이 수렴되는 변화를 촉진하는 셈이다. 반면에 국외적인 관계에서 보면 심리적, 물리적 국경이 강화되면서 신자유주의에 기초한 생산 부품의 범지구적인 공급 체인은 결정적인 변화를 맞게 된다. 국내 생산체제로의 회귀 경향은 이미 영국의 브렉시트나 트럼프 행정부의 등장을 통해 그 진행의 조짐이 나타난 바 있다. 그러나 감염병에 대한 지구적 연대의 필요성이 강화되는 데에서 보듯 국제적 결속에 대한 수요도 훨씬 더 커지게 된다. AI 시대의 도래는 시공간 압축을 통해 국제적 협업의 효익을 한층 더 강화하는 변화도 낳는다. 국제적 대면과 비대면의 수요가 함께 커지는 셈이다. 이런 패러독스는 비정하게도 세상을 두 부류의 사람들로 나눌 가능성이 커진다. 상대적으로 대면의 위험을 무릅쓰고라도 대외활동에 나서야 노동할 수 있는 이들과 대면의 위험 없이도 대외활동에 나설 수 있는 계급이다. 이런 사회구조의 변화는 일단 해외를 방문하는 경우 되도록 오래 체류하면서 노동하는 방안을 모색함으로써 타협적 화해를 도모하게 된다. 이 경우 일하며 체류의 일상을 즐기는 일이 보편화하게 될 것은 물론이다. 일상이 관광 속으로 수렴되는 것이다.

또한 비대면 사회로의 진행은 당연히 대중관광에 대한 수요를 결정적으로 낮출 뿐만 아니라 그렇다고 해서 소규모로 진행되는 틈새관광으로서의 대안관광에 대한 수요로 전환되지도 않을 전망이다. 감염병에 대한 노출 위험을 무릅쓰면서까지 노동이나 일상적인 삶으로부터의 일탈을 기도하지는 않을 것이기 때문이다. 이는 방문지 지역주민과의 접촉과 대면을 전제하는 사회참여 관광의 경우 보다 더 영향을 받게 된다. 이런 현상은 2020년 코로나 사태가 발발하면서 나타난 여행객의 급감 현상에서 확인된다. 감염 확산을 막기 위해 국경봉쇄나 여행금지 조치가 취해지는 것 외에도 관광객 스스로가 여행을 자제하면서 UNWTO(2020.03.26.)는 2020년의 세계 관광 수입 총액이 2019년 대비 약 3분의 1인 20% 내지 30% 감소할 것으로 내다봤다. 2003년도의 SARS로 인해 전년 대비 약 0.4%의 관광 수입 감소가 있었던 것과 크게 대비되는 일이다. 상황이 이런 만큼 관광이 노동이나 삶의 일상으로 수렴되는 경우에만 지속적으로 유지될 것은 물론이다. 대표적인 사례로는 일(work)과 휴가(vacation)를 결합하는 워케이션(worcation)을 들 수 있다. 코로나19의 등장 이후 일본의 아베 정부는 워케이션을 적극 장려하는 정책을 펼친 바 있다. 이런 경우 관광은 더 이상 기호 상품이 아니며 일상용품으로 자리 잡게 된다. 관광의 성격 자체를 송두리째 바꾸는 급변의 시대를 눈앞에 둔다는 뜻이다.

이렇듯 관광은 정태적 현상이 아니라 지속적으로 진화하고 때에 따라서는 급진적인 변화를 거듭하는 사회 현상과 다름없다. 지구촌의 정치·경제·사회·문화 상황의 변동에 따라 관광의 이해당사자들이 구축하는 상호작용의 양식이나 관광의 정체성 자체가 크게 유동한다. 그럼에도 불구하고 현재의 시점에서 볼 때 미래사회에는 관광의 새로운 얼굴이 등장할 것이라는 점, 그런 얼굴에 과학기술의 발전이 반영되어 나타날 것이라는 점, 관계자들 사이의 이해관계가 보다 더 상호의존적이고 상호이해 증진적인 양식으로 구체화 될 것이라는 점은 현재의 시점에서도 예측 가능한 일이다. 대안관광이 대중관광의 소중화(demassification)와 재구조화(reconsturction)를 거쳐 틈새관광으로 전환해 왔고, 틈새관광이 특수목적 관광과 사회참여 관광으로 진화를 거듭해 왔음은 주지하는 바와 같다. 이제 관광은 바로 이 지점에서 새로운 단계와 관행의 개척을 향해 또 다른 도약과 변화를 시도할 것이 틀림없다. 사회구조가 실로 급진적인 변화를 거듭하고 있기 때문이다.

사회참여 관광으로서의 지구대안관광네트워크(GATN)

그러나 우리는 아직 그런 미래사회로의 진입을 조망하는 사회변동의 초입에 서 있을 뿐이다. 현시점에서 대안관광의 주류를 이루는 것은 여전히 틈새관광으로서의 특수목적 관광과 사회참여 관광이다. 이런 사회참여 관광의 가치 프레임을 통해 고안된 것 가운데 하나가 바로 아시아태평양 YMCA 연맹이 선도하는 지구대안관광네트워크(GATN)이다. 이는 단순히 대중관광의 대안을 모색한다거나 보다 책임 있는 관광을 지향하고자 마련된 것이 아니었다. 거기에서 한 걸음 더 나아가, 오늘날 지구촌을 엄습하고 있는 신자유주의에 기초한 지구화 현상에 보다 적극적으로 응전하고자 하는 사회운동의 한 양식으로 고안되었다. 그러나 이런 운동전략을 개발하게 된 초기 단계에서의 계기는 지속가능한 YMCA 운동의 유지에 필요한 기관 내부의 재정자원을 개발하자는 데에 있었다. 운동의 조직관리 차원을 강화하기 위한 전략적 대안을 모색하는 과정에서 사회참여 관광의 한 양식이 창안된 셈이다.

원래 GATN에 대한 구상은 전 세계의 YMCA 운동, 그 가운데에서도 특히 아시아에서의 YMCA 운동이 퇴조하고 있다는 판단에서부터 비롯되었다. 가장 큰 원인 가운데 하나가 운동 내부의 재정자원 조달 창구가 쇠퇴하고 있기 때문이었다. 과거 YMCA 운동이 활발하던 시기에는 호스텔 사업이나 캠프촌 운영이 활성화되었으나 근자에는 그렇지가 못했다. 이런 문제의식이 2007년부터 아시아태평양 YMCA 연맹의 회장으로 활동하기 시작한 저자로 하여금 이를 활성화시켜 YMCA 운동을 재건해야 한다는 생각에 이르게 했다.

이를 계기로 살펴보니, YMCA는 이미 과거와는 완전히 다른 사회운동 환경에 처해 있었다. 1980년대와 1990년대를 거치면서 지구촌 전역에는 국가와 시민사회 사이에 수많은 가치지향형 NGO들이 생겨났고, 그 가운데 많은 단체들이 과거 YMCA가 선도해 온 활동 영역에 진출함으로써 대 청년 봉사 업무의 경쟁 시대를 열었다. 더 이상 과거처럼 YMCA가 지역사회 공동체나 청년 대상 서비스 프로그램을 독점할 수 없게 되었다. 지역사회나 청년을 대상으로 펼치는 사회봉사 활동이 더 이상 YMCA의 블루오션으로 머무를 수는 없게 된 것이다.

그러나 아직도 YMCA는 세계에서 가장 오래된 시민사회운동단체로서 끈질긴 생명력과 국제 비정부기구(INGO: International NGO)로서의 선도력을 유지하고 있다. 1844년에 처음 조직된 이래 2020년 현재 176년의 역사를 자랑한다. 전 세계 119개 나라에서 5,800만 회원이 활동한다. 이런 기관 생명력의 주요 원천 가운데 하나는 체육관, 캠프촌, 호스텔 같이 이용료를 받는 사업 프로그램의 운영을 통해 체계적으로 기관 내부 재정자원을 조달할 수 있기 때문이었다. 이 점에서 YMCA는 회원의 회비나 외부 헌금에만 의존하는 여타의 NGO와 근본적인 성격을 달리한다.

이런 점에서 볼 때, YMCA는 시장과 시민사회 내지는 그들이 지향하는 공익성과 상업성의 융합을 선도적으로 개척해 왔다고 해도 과언이 아니다. 사회적 기업의 효시인 셈이다. 시장과 시민사회의 경계를 초극하고자 한다는 점에서 국가와 시민사회, 시민사회와 시장, 시장과 국가처럼 세상을 기계론적 이분법으로 구분해온 근대 인식론의 프레임에 내재되어 있는 모순을 극복하고자 지속적인 노력을 경주해 왔다. YMCA 운동의 조직 구조적 특성에 대한 이런 인식의 틀은 대안관광을 기관 내재적인 재정자원 창출의 도구로 인식하고 접근하는 출발점이 되었다.

사실 YMCA는 여행객에게 호스텔을 제공함으로써 스스로를 "타지에 있는 우리 집"이라고 부를 만큼 숙박 시설 제공 사업에 대한 오랜 역사를 지녔다. 성경의 가르침대로 여행자나 청년에게 안전하고 안락한 숙박환경을 제공하는 한편 또 그런 서비스를 통해 운동의 발전에 필요한 재정자원을 확보하고자 했넌 것이다. 그리나 호스텔, 캠프촌, 홈스테이 같은 대안관광 유관 사업이 비록 운동에 필요한 재정자원 조달 때문에 운영된다고 하더라도, YMCA가 이를 오로지 이윤 극대화를 위한 기업가적인 정신만으로 운영해서 안 될 것은 자명한 이치이다. 재정자원의 조달이 YMCA가 지향하는 목적 가치의 달성을 위한 사회운동 비용을 충당하기 위한 것이라면, 그 경비의 조달 과정 자체도 운동의 목적 가치에 부합하는 양식과 경계 범위 내에서 진행되어야 할 것은 당연한 일이다. 이런 재정자원 조달에 관한 접근시각과 인식의 틀이 이윤의 극대화를 위해 노력하는 상업적 대중관광에 대항하여 관광의 물질적 차원이 아니라 그의 목적 가치 구현에 주목하는 대안관광의 가치 프레임에 눈뜨게 했을 것은 물론이다.

그런데 대안관광은 국가 간의 경계를 넘어 이루어지는 국제교류활동이 대종을 이룬다. 그런 만큼 YMCA가 대안관광을 주도하는 경우 개별 YMCA 간의 범세계적인 교류와 협력을 증진하고, 상호의존성의 정도를 높이며, 상근자들로 하여금 지구화의 경향성과 네트워크의 현장에 대한 접근 기회를 높임으로써 초국적인 운동단체로서의 정체성을 스스로 반추하고 계발하는 계기를 마련하게 될 것은 두말할 나위가 없다. GATN의 운영이 INGO로서의 기관 정체성 확장에 기여할 것이라는 기댓값이 적지 않았다는 뜻이다.

여기에 더해 신자유주의에 기초한 지구화 현상과 그에 따른 불평등 사회구조의 심화, 그로 인해 야기되는 사회운동 환경의 급진적인 변화, 운동이 감당해야 할 시급한 사회정책과제의 확산 등이 사회운동단체로서의 아시아 태평양 YMCA 연맹으로 하여금 대안관광에 주목하도록 유인하는 보다 본질적인 동기유발 요인 가운데 하나가 되었다. 대안관광을 방문지 지역사회의 사회운동 도구로 삼자는 생각을 구체화하는 또 다른 차원의 추동 요인이었던 것이다. 따라서 GATN은 YMCA가 주도하는 사회참여 관광의 한 유형과 다름없다.

이를 보다 효율적으로 진행하기 위해서는 이 새로운 프로젝트를 정당화하고, 인식의 프레임을 공유하며, 관계자들을 설득하고 공론화하는 데 필요한 이론의 틀을 개발할 필요성이 제기되었다. 행정학, 정치학, 정책학 주변을 배회하면서 주로 국가와 시민사회의 관계 특히 시민참여의 문제를 다루어온 저자가 대안관광을 학술적 연구의 대상으로 추가하여 다루게 된 현실적인 동기였다. GATN의 구상이 지향하는 목적 가치에 충실한 양식으로 사업이 전개되기 위해서는 YMCA 운동의 일선에서

GATN을 기획하고 집행하는 현장 실무자들을 교육 훈련하는 일이 시급한 과제였다. 이를 위해 지난 10여 년간 사회참여 관광으로서의 GATN을 이론화하고 이를 운동 현장의 실무자들과 세미나를 통해 공유하고자 하는 노력을 지속적으로 전개해 왔다. 이 책의 대부분은 이 과정에서 저술되었다. 이 과정에서 발견한 것 가운데 하나가 대안관광을 대체로 사회참여 관광과 특수목적 관광으로 구별해 볼 수 있을 것이라는 점이었다. 이를 토대로 이 책에서는 제1편 사회책임 관광과 대안관광에서 사회운동(제1장), 자원봉사(제2장), 시민외교(제3장)로서의 대안관광을 다룬다. 제2편 특수목적 관광으로서의 대안관광에서는 주로 후기 근대 관광(제4장), 지속가능관광(제5장), 환경관광(제6장)을 논의하고자 한다.

다른 사회과학의 분과과학과 비교해 보면 대안관광에 대한 논의는 아직 일천한 수준에 머물러 있다. 이는 사회 현상으로서의 대안관광 자체가 비교적 최근에야 등장했을 뿐만 아니라 지속적으로 자기 정체성을 변모시키고 또 확장하는 과정에 있어 체계적인 연구 대상으로 삼기가 적절치 않았기 때문일 것이다. 특히 관광 현상 자체가 종합학문적인 요소를 배태하고 있어서 범분과과학적인 협업을 필요로 한다는 점도 연구의 진행을 더디게 하는 여러 요인 가운데 하나이다. 그럼에도 불구하고 이 책 저술에 나선 이유는 대안관광에 대한 논의가 사회운동의 새 장을 여는 출발점이 되기를 기대하는 마음이 크기 때문이다. 실제로 GATN을 운영해 본 결과 대안관광의 본래적인 특성상 대안관광의 매개기관은 이를 국가나 시장에서 찾을 것이 아니라 NGO로 대표되는 시민사회가 감당해야 한다는 사실을 절감할 수 있었다. 특히 사회참여 관광의 경우에는 사회운동단체가 매개하는 경우 기왕의 사회운동 경험의 축적에 따른 매몰비용의 후광효과가 결코 적지 않았다.

이런 시민사회운동에 대한 열망이 이 책 저술에 나서도록 촉구하는 최근접 동인이 되었다. 연구가 일천한 탓에 의도하지 않은 결함이나 예상치 못한 문제점도 적지 않을 것이라고 생각된다. 가차 없는 비판과 조언을 기대한다. 다만 관광이 일상화하는 미래사회를 준비하고자 하는 사회운동가, 정책입안자, 학술연구자들에게 새로운 논전의 계기가 될 수만 있다면 이 책은 자기 소임을 다하는 것이라고 믿고자 한다. 아니 관광이 일상화하거나 일상이 관광으로 수렴되는 사회를 목전에 두고 있는 만큼 관광을 통해 사회 현상을 조망하는 일이야말로 사회과학도 누구나 결코 외면할 수 없는 현안이라는 사실을 널리 공유하는 계기가 되기를 소망한다. 관광은 이제 더 이상 단순히 일상으로부터의 일탈이나 먼 나라 다른 세상을 향해 떠나는 체험이나 학습의 도구 수준에 머물러 있지 않게 되었다. 그 이상의 것으로서 세상을 바라보는 사회과학적 탐조의 새로운 창(窓)이자 등불이기도 하다. 나아가 한 시대 성격의 전환점을 지근거리에 두고 있다. 이런 관점에서 관광이 일상화하는 미래사회로의 여행에 이를 마다하지 않고 선뜻 동참해 주신 도서출판 휴인의 관계자 여러분께도 이 자리를 빌리어 감사의 말씀을 전한다.

2020년 8월
분당 우거에서
저자

목차

제III편

특수목적 관광과 대안관광

제I편

사회참여 관광과 대안관광

제1장

사회운동으로서의 대안관광

I. 서론

지구화 시대의 도래는 대중관광(mass tourism)에게 있어 기회이자 동시에 위험이기도 한 이중적 성격을 지녔다. 국가 간의 경계가 느슨해지고 인구의 이동이 보다 빈번해지며 보다 다양한 지역으로의 여행이 늘면서 대중관광은 획기적인 발흥기를 맞았다. 그러나 이런 대중관광의 획기적인 확산은 적지 않은 문제를 낳았다. 보다 빈번한 교류와 접촉이 일어나면서 서로 다른 지역 간의 문화적 동형화가 촉진되고 그로 인해 방문지 지역사회의 문화 정체성을 훼손하는 사례가 빈발하며, 주로 서구인의 이동이 활발하다는 점에서는 서구문화 편향적인 지구문화(global culture)로 흡수, 통합될 위험성이 적지 않게 되었다. 이렇듯 문화적 다양성이 축소되는 경우 장기적으로는 당연히 볼거리에 대한 흥미를 감소시키면서 대중관광에 대한 수요 자체를 낮추게 된다.

정보사회로의 진입은 공간 원격화와 장소 귀속성을 탈피할 수 있게 하면서 시간의 분절이 가능해지고 그 결과 취미와 여가를 위한 인구의 이동이 폭발적으로 늘고 있다. 이로 인해 탄소 배출량이 증가하고, 그 결과 기후 변화가 촉진되고 있다. 변화된 기후로 인해 폭우와 산성비 등이 빈발하면서 문화유산의 수몰이나 훼손이 심화될 것도 물론이다. 이는 대중관광이 불러오는 환경파괴의 일부분에 지나지 않는다. 대량처리 시스템에 의존하는 대중관광산업은 대형 유락시설이나 호화 리조트의 건설을 촉진하고 종당에는 해당 지역의 생태파괴로 이어지지 않을 수 없다. 종의 파괴나 산림의 훼손 등을 낳아 지속가능한 자연환경의 유지를 어렵게 한다.

대중관광의 위기는 관광산업이 이윤 추구적이라는 데에서도 비롯된다. 경제활동의 범지구화로 인해 보다 치열해진 기업 환경은 관광업계로 하여금 이윤 극대화에 매진하도록 촉구하는 성질을 지녔다. 이로 인해 초과 비용 지출이 불가피해진다는 이유로 관광 프로그램의 운영 과정에 대한 주민참여를 외면하거나 폐쇄적인 의사결정과정을 유지하는 경우, 지역 정주적이며 지역 친화적인 관광산업의 발전은 어렵게 된다(Suresh, 2005: 8-9). 지역적 토대를 상실한 관광산업이 오래 유지되기는 쉽지 않다.

이렇게 단순 이익의 극대화에 열중할 경우 지역 노동자에 대한 저임금 지급, 미숙련 노동자 고용, 여성과 청소년 착취, 원주민이나 사회 하층민의 강제이주 등 인권유린도 서슴지 않게 된다. 지역경제 활성화에 기여할 것이라는 당초의 기대와는 달리 매우 높은 수준의 경제누수율(high rate of economic leakage)을 불러오기도 한다(Suresh, 2005: 8). 지역경제의 관광산업에 대한 의존도를 높이면서 지역경제의 일극화 내지는 불균형 성장을 낳고 이는 다시 대외의존형 경제체제로의 편입을 촉진하게 된다.

확장 일로에 있는 대중관광은 지역사회의 문화, 사회, 환경, 경제 등의 지속가능성을 유린하면서 종당에는 자체의 지속가능성을 부정하는 존재구속적 자기모순에 빠지는 셈이다. 이런 상황에서는 결코 지속가능한 대중관광산업을 기대할 수 없다(Serrano & Carranza, 2005: 6). 이런 인식은 대중관광에 대한 대척점에서 대안관광(alternative tourism)을 모색하도록 유도하는 결정적인 동인이 되었다. 그러나 대안관광은 대중관광의 어떤 점에 대한 대안을 모색하느냐에 따라 실로 다지다양한 의미와 차원을 포괄한다.

대안관광은 지속가능한 관광(sustainable tourism)(Beck, 1992), 자의식 관광(ego-tourism)(Scheyvens, 2002), 신도덕 관광(new moral tourism)(Butcher, 2002), 환경친화적 관광(eco-tourism)(Nowaczek, 2010), 신종족(new tribes)(Maffesoli, 1997) 내지는 이들 모두를 포괄하는 개념으로서의 신관광(new tourism)(Poon, 1993), 후기 관광(post tourism)(Urry, 2002) 등 실로 다양한 개념들을 총칭하는 것일 뿐 아직 어떤 정련된 이론의 틀에 따라 정리되어 있지는 않다.

여기에 더해, 대안관광에 대한 기존의 연구는 관광 또는 대안관광이 일반적으로 관광객, 방문지 지역사회, 관광을 주선하거나 중개하는 매개기관에 의해 구성된다고 할 때, 주로 앞에서의 두 구성요소에 대한 논의가 대종을 이룰 뿐 나머지 변수에 대한 논의는 거의 외면해 왔다고 하여도 과언이 아니다. 관광이 관광객의 어떤 동기에 의해 추동되면서 관광의 전개 과정을 거쳐 어떤 목적을 달성하고자 하는 일련의 행위 양식이라고 할 때 개인 차원의 동기나 방문지 지역사회 차원의 목푯값에 대해서는 적지 않은 논의가 이뤄졌지만 양자를 연결하는 관광의 매개 과정에 대해서는 충분한 논의가 개진되어 있지 않다.

무엇보다도 관광과 사회변동의 관계에서 후자를 전자의 소극적 결과물 내지는 부산물로 보려는 시각은 적지 않지만 관광을 사회변동의 적극적 수단으로 인식하고 대처하려는 시도는 많지 않다. 그럼에도 불구하고 지구시민사회의 형성과 함께 국경을 넘는 사회운동에 대한 수요가 커지면서 해외관광 또는 국경을 넘는 여행을 방문지 지역사회의 변화를 모색하기 위한 기회 또는 수단으로 활용하고자 하는 수요는 날로 커지고 있다. 예컨대 국제 NGO로서의 YMCA는 이 문제에 대한 인식과 대응에 있어 선도적인 모습을 보여 왔다.[1)]

이런 현실 인식과 문제의식을 토대로 이 장(章)에서는 관광객과 방문지 지역사회 사이를 잇는 관광의 전개 과정을 관광의 매개기관 내지는 주선자를 중심으로 사회운동론의 관점에서 접근해 보고자 한다. 그 결과 국가 간의 경계를 넘어 사회운동을 조장, 지원하고자 하는 시민사회운동단체들이 과연 사회운동으로서의 대안관광을 중개하거나 조직하는 매개기관으로서 적합한 조건을 갖추었는지의 여부를 따져보자는 것이다. 이를 위해 오늘날의 지구촌은 후기 근대의 사회적 수요와 특성에 따라 재구축 또는 역분화하는 과정에 있다고 보고자 한다.

---

1) 아시아 태평양 YMCA 연맹은 2009년 7월 27일부터 30일 사이에 태국 창마이에서 지구대안관광네트워크(GSTN: Global Alternative Tourism Network) 구축을 위한 워크숍을 갖고 관광 매개기관 역할의 도입 타당성 여부를 검토했으며, 세계 YMCA 연맹은 2010년 7월 19일부터 24일 사이 홍콩에서 열린 제17차 세계대회에서 지구대안관광에 대한 연구 및 촉진을 결의한 바 있다(World Alliance of YMCAs, 2010).

II. 대안관광의 양대 접근시각

후기 근대가 근대와 다른 점은 과거의 일반원칙이 더 이상은 작동하지 않게 되었다는 데에 있다. 근대의 생활양식이 변화하면서 자체의 모순을 불러와 이제는 새로운 패러다임을 필요로 하게 되었다. 근대가 지배하던 구조주의가 해체되면서 기존의 대이론, 일원적 프로젝트, 메가 서술(mega-narratives) 등이 설득력을 잃고 다원자주의, 분화, 유동성, 불명성, 불안전성을 특징으로 하는 위험사회를 불러오게 되었다. 관광 분야에서도 관광의 새로운 양식이 등장하고 최소한 기존의 관광 질서와 기본 구조에 대해서는 이를 바꾸는 변화가 일어나고 있다. 관광을 추동하는 다양한 유형의 동기 요인이 등장하는 것도 바로 이런 변화 가운데 하나이다.

이는 대중관광에 대한 소극적 저항의 한 양식으로 시작된 대안관광이 이제 실로 다양한 의미와 내용을 내포하게 되었다는 사실에 의해 확인된다. 이니 단순히 기성의 관광 양식에 대한 반발로서가 아니라 그것 자체가 새로운 관점과 안목을 제시하는 자기 정체성 정립의 시대로 진입하고 있다. 그러나 이런 대안관광의 다원적 특성을 보다 자세히 들여다보면 나름대로 일정한 변화의 축이 있어 관광객 자체에 초점을 맞추느냐 아니면 방문지 지역사회에 주목하느냐에 따라, 또는 관광에 대한 개인 차원의 동기 유발 요인에 초점을 맞추느냐 아니면 관광이 지향하는 궁극적인 목푯값에 주목하느냐에 따라 대체로 2개의 접근시각이 공존해 왔음을 알 수 있다.

먼저 후기 근대 소비론(post modern consumption theories)에 따르면, 대안관광은 일종의 과시적 소비(conspicuous consumption)(Veblen, 2001) 내지는

초과 소비(consumption of superfuluities)의 한 양식에 해당된다. 사회적 신분이나 지위의 과시 수단으로 대안관광을 인식하는 것이다. 원래 전통사회에서는 천부적인 사회관계나 신분에 따라 대물림하거나 친숙해진 소비생활양식을 유지하는 것이 보통이었다. 그러나 산업사회의 도래와 함께 세습적 계급이나 신분제도가 무너지고 그에 따라 사회 하층계급도 상층 유한계급의 생활양식을 모방하고자 하고 또 할 수 있게 되었다.

그러나 그러기에는 자신의 경제력이 역부족이라는 현실을 자각하면서 소비를 일종의 사회적 특권 내지는 신분의 징표로 인식하려는 움직임이 나타나게 되었다. 사회 상층계급으로서도 자신이 직접 소비할 여가가 없는 경우 아내나 자식 같은 자신의 대리인으로 하여금 비싼 옷이나 장신구를 걸치게 하여 자신의 지위나 신분을 과시하고자 한다. 소비가 물질적 필요를 충족하기 위한 수단이 아니라 소비 그 자체가 목적화하는 목표지향적 상징 행위로 전환하는 것이다(Mustonen, 2006: 35).

이런 현상은 후기 근대로 오면서 보다 더 심화되어 한 인간의 생활양식(life style)을 표현하는 수단으로 인식되기에 이르렀다(Miles, 1998: 16-18). 소비생활의 양식을 통해 자신의 정체성을 나타내거나 타인과의 차별화를 시도하게 된 것이다(Scott, 2002: 23). 따라서 이제 소비에 대한 수요는 더 이상 어떤 물질의 용도에 대한 것이 아니며 차이(Baudrillard, 1998: 77-78)나 신호(Featherstone, 1991: 85)를 나타내는 수단으로 자리매김하게 되었다. 상품의 기능적 측면이 아니라 심미적 가치(Lyon, 1999: 72), 실재하는 현실이 아니라 초현실적 황홀경(extasies of hyperreality)에 보다 더 강조점을 두기에 이른 것이다.

이런 시각에서 보면 오늘날의 여가 여행은 단순히 미지의 자연현상이나 시각적 자극을 위한 것이라기보다는 그것이 수반하는 상징이나 의미에 의해 추동되는 것이라고 말할 수 있다. 방문지 지역사회의 실존적 현실이 아니라 존재론적 실존과의 조우를 추구하는 것이며, 그 점에서 일상의 압력으로부터 탈출하여 진실된 자신을 찾고자 하는 노력의 한 양식으로도 간주된다. 따라서 여행은 이제 단순히 어떤 대상물의 이국적 매력을 찾자는 것이 아니라 거기에서 더 나아가 진짜 체험(real experience)(Wang, 1999: 364)을 통해 정말로 새로운 것을 경험하자는 것이며 자신의 참모습과 만나려는 것으로 규정된다.

그러나 이런 접근시각은 매우 자아 중심적이며 이기주의적이라는 평가와 함께 자원봉사론적 접근시각(volunteer approach)을 불러왔다. 자원봉사론은 대안관광을 이타적 동기에서 추동되는 자발적 행위로 인식한다(Ackerberg & Prapasawudi, 2009). 흔히 방문지 지역사회의 개발, 위생환경의 개선, 생태적 환경이나 문화유산의 지속가능성 제고, 민주화나 경제사회적 불평등의 시정같이 방문지 지역사회 내지는 타자의 발전과 변화를 향도하는 일에 주목하고자 하는 경우이다. 그렇다고 해서 관광에 대한 자발적인 참여가 오로지 이타적 동기에 의해서만 추동된다는 것은 물론 아니다.

관광을 자원하는 데에는 이타적 동기 외에도 다양한 양식의 이기적 동기가 내포되기 마련이다. 때로는 이타심을 가지고 관광에 참여하는 다른 이들을 만나 공감하거나 회포를 풀고 인간적 결속과 연대를 구축하는 기쁨을 누리거나 여행에 동반하는 가족 구성원 간의 결속이나 유대의 증진 나아가 이타적 봉사에 따른 자기만족 때문에 관광을 자원하는 경우도 있다. 그러나 대안관광이 방문지 지역사회의 발전이나 개선에 주목하고자 한다면 이는 당연히 이타심의 발로라고 보아야 마땅한 일이다.

이렇게 되는 데에는 실로 다양한 원인이 작동하는 것이겠지만 그 가운데에서도 후기 근대의 구조적 특성에서 그 주인을 찾아볼 수 있다. 후기 근대는 수직적, 수평적 구조의 통섭과 이들 사이의 경계가 역진적 분화 과정을 통해 융합되거나 소멸 과정을 밟는 데에 그의 특징이 있다. 따라서 사회의 다른 영역과 관광 분야가 서로 영향을 미치고 융합하면서 일상의 여러 영역에서 관광의 효과가 발현되거나 유사 관광 현상을 목격할 수 있게 된다. 관광은 이제 더 이상 사회의 다른 영역과 유리된 별개의 것이 아니며 세상의 여러 가치관이나 판단의 기준율과 용해되거나 상호 영향을 주고받는 가운데 구체화 되고 또 해석된다.

예를 들어 후기 근대에 들어서면서 환경친화적 관광 개념의 고안을 가능케 하는 지적 능력이나 전문성이 관광의 영역으로 유입되는 일이 용이해지는 이유이다. 백(Beck, 1992)이 말하는바, 후기 근대의 도래에 따른 위험사회의 등장과 그에 조응하기 위한 성찰적 사회의 생성도 관광에 참여하는 여행자로 하여금 근대의 대중관광이 동반하는 다양한 유형의 부정적 영향을 반추하면서 새로운 대안 모색에 나서도록 추동하는 원인 가운데 하나이다. 분업적 사회구조의 역진적 통합(de-differentiation of social structure)이 모순적 현실에 대한 성찰을 강요하고, 그 결과 생태 관련 지식이나 정보에 대한 흡수력이 늘면서 방문지 지역사회의 환경보존이나 생태적 건전성에 기여해야 하겠다는 깨달음으로 이끄는 것이다.

그런데 대부분의 자원봉사자는 비록 관광에 참여하는 경우가 아니더라도 그의 본질적 특성상 이타적인 동인을 공유한다(Pedicini, 2008). 따라서 자원봉사론적 접근시각은 그의 본질에 있어 대안관광을 보다 윤리적인 여행(more ethical way of tourism)으로 인식하려는 경향성을 배태하는 것과 다름없다(Guttentag, 2009). 더 나아가 방문지 지역사회의 발전과 변화를 추동하고자 하는 것이라는 점에서는 발전론적 시각의 연장선상에 있는 것이라고도 말할 수 있다(Scheyens, 2007: 130). 방문지 지역사회의 생활양식을 다양화하거나, 사회발전을 견인하고, 인권 의식이나 주민역량의 강화 따위를 위해 헌신하고자 하기 때문이다.

그러나 이런 여행자의 자발적이고 윤리적인 봉사가 과연 방문지 지역사회에 항시 도움이 되는 것인지 또는 그런 자원봉사자의 도움이 정말로 그 지역사회가 필요로 하는 것인지에 대한 실증적 답변을 내놓기는 쉬운 일이 아니다. 방문지 지역사회에 대한 이해와 소통이 전제되지 않는다면 선의의 자원봉사가 새로운 재앙의 원천이 될 수도 있다. 이런 문제의식은 후기 근대 소비론에서도 제기된다. 소비가 어떤 이의 정체성과 언제나 연동되는 것은 아니며 오히려 소비는 일종의 사회적 행태로서 결코 혼자 결정하는 것이 아니라 다른 이들과의 관계 속에서 이루어진다. 소비자 자신도 잘 알지 못하는 가운데 자신이 사는 사회의 공통적인 생활양식이나 문화에 의해 영향을 받기 마련이다.

따라서 후기 근대의 소비론이나 자원봉사론은 각각 관광객의 개인적인 동인이나 방문지 지역사회의 구조에 주목하는 것이기는 하지만, 실제에 있어서는 이런 개인적인 차원의 정체성과 당해 지역사회의 구조가 상호작용할 때 보다 적실성 있는 대안관광의 실체를 구성하게 된다. 후기 근대 소비론과 자원봉사론은 상보적 관계에 있을 때 스스로의 완성도가 높아진다는 의미와 다름없다. 그러나 대안관광에 대한 기존의 논의는 대체로 관광객의 개인적인 동인이나 방문지 지역사회의 구조 변화에 각기 초점을 맞추는 것이었을 뿐 양자 간의 상호작용 내지는 관광의 구체화 과정에 주목하고자 하는 경우는 찾아보기가 쉽지 않았다. 관광의 구성요소를 관광객과 관광객이 방문하는 지역사회로 구분하여 단순화

시켰다는 의미이다.

그러나 관광이 이루어지기 위해서는 대부분의 경우 관광객과 방문지 지역사회를 연결하는 관광의 주선자 내지는 매개자가 필요하기 마련이며 아무리 개인 차원에서 독자적으로 이루어지는 배낭여행이나 방랑이라고 하더라도 양자를 이어주는 다양한 형태의 중간 숙주가 있기 마련이다. 관광에 대한 분석은 당연히 이런 관광의 매개 과정에 대한 논의를 포함해야 하며, 이 부분에 주목하는 경우 관광객과 방문지 지역사회를 모두 포괄하게 된다는 점에서 양자를 연결하는 총합적 시각의 구축을 가능케 하는 이점도 있다. 이럴 경우 관광의 매개나 주선을 통해 방문지 지역사회의 발전을 도모하고자 하는 사회운동론적 접근시각에 주목하게 될 것도 물론이다.

III. 사회운동론의 관점에서 본 대안관광

사회운동은 일반적으로 1) 기존의 질서를 부정하고 2) 자신과 다른 입장의 반대자를 비판하며 3) 집단적인 정체성이나 연대성을 지니고 4) 이런 요소들을 지속적으로 유지하려는 성향을 지녔다(Tarrow, 1994). 따라서 사회운동에는 기존의 질서를 바꾸고 새로운 질서를 창출함으로써 사회를 변화시키고자 하는 일에 보다 적극적인 동기 유발 요인을 지닌 이들이 주로 참여하기 마련이다. 이로 인해 사회운동의 실체를 규명하고자 하는 기존의 연구들은 그런 운동에 대한 참여를 유발하는 적극적인 동인을 무엇이라고 보느냐에 따라 그동안 대체로 2개의 대립적인 시각을 제시해 왔다.

먼저 사회운동을 사회심리적인 관점(social psychological approach)에서 접근하는 고전적인 이론에 의하면 문화적 일탈자, 구조적 소외자, 사회적 좌절자, 비합리적인 감성주의자, 성격적 이상자같이 심리적으로 문제가 있는 사람들이 기존의 질서를 통해 자신의 의견을 관철하는 데 실패하면서, 이를 극복하기 위한 수단의 하나로 사회운동에 참여한다는 것이다. 사회운동 참여자들을 대체로 충동적이거나 비이성적이고 변덕스러운 존재로 인식하는 셈이다(Smelser, 1969). 그러나 이런 접근시각은 계급지향적이며 가치편향적이라는 한계를 지녔다. 소외, 일탈, 비합리라는 개념은 그것 자체가 평가자의 자기중심적인 판단기준과 산법에 따른 결과물이기 때문이다.

무엇보다도 경험적 사실과 일치하지 않는다는 데에 치명적인 결함이 있다. 한 시대의 대표적인 지성이 사회운동에 참여하고 지도하는 현상은 흔히 볼 수 있는 일이다. 사회운동 참여자들도 이성적이며, 합리적이고, 조직적이며 또 어떤 사회의 비주류 쪽에만 속하는 것이 아니라는 점은 이미 여러 사실조사에 의해 확인되고 있다. 그러나 보다 더 본질적인 문제는 사회구조적인 요인을 고려하지 않는다는 데에 있다.

이런 반성은 자원동원론적 접근시각(resource mobilization approach)의 등장을 불러왔다. 사회운동 참여자들의 사회경제적 배경을 조사해보면 결코 비합리적인 인사도 사회적 일탈자도 아니며, 오히려 제한된 사회자원을 합리적으로 배분함으로써 그 효용을 극대화하려는 합리적 선택자(rational choice)가 대부분이라는 것이다(Wiktorowicz, 2004). 이들이 사회운동에 참여하는 이유는 그가 처한 사회경제체제 아래에서 그것이 가장 합리적이고 이성적인 선택지라고 판단하기 때문이다. 사회운동 참여자를 극단적인 심리적 일탈자로 보던 데에서 벗어나 가장 합리적이고 이성적인 존재로 보고자 하는 것이다.

이는 사회운동을 맥락적 관점에서 접근한다는 의미이기도 하다. 상대주의의 관점에서 이해하고자 하기 때문이다. 그러나 이런 합리적 선택론에 따른다면, 가장 이상적인 선택지는 어떤 기회비용도 지출하지 않고 사회변동에 무임승차하는 일일 것이다. 그러나 모두가 무임승차한다면 사회운동 자체가 성립하지 않게 된다. 합리적 선택론은 마치 인간 모두가 동의하고 수용하는 합리적 선택의 모형이나 기준이 선험적으로 존재하는 것처럼 가정한다. 지나치게 사회구조적 결정요인을 의식하는 데에서 오는 결과이다. 이는 개인이 독자적으로 추구하는 가치, 이념, 집단적 정체성 등을 간과하는 데에서 오는 결함이기도 하다(Jasper, 2004: 3).

따라서 사회심리적 접근시각이나 자원동원론적 접근시각은 모두 사회운동을 완벽하게 설명하지 못한다는 점에서 같다. 그러나 양자는 서로의 단점이나 문제점을 보완하는 성질을 지녔다는 점에서 상보적 관계에 있다. 사회심리적 접근시각이 개인 차원에 초점을 맞추고 자원동원론적 접근시각이 사회구조에 초점을 맞춘 것이라는 점에서는 서로 분석의 단위가 달라 갈등적 관계를 구성하지도 않는다. 무엇보다도 개인의 의식이나 행동이 집합적 실체로 전환하는 과정을 거치면서 사회구조를 이루고, 사회구조에 영향을 받아 개인 수준의 사회심리 상태가 형성되는 것이라는 점에서 보면 상호연계적, 상호작용적, 상호의존적 관계에 있다.

따라서 양자를 융합하는 통합적 접근을 시도하는 경우 양자 모두를 아우르는 이해와 설명이 가능해진다. 더 나아가 전자가 미시적 접근, 후자가 거시적 접근을 시도한 결과라는 점에서는 양자를 연결하고 포괄한다는 의미에서 중범위론적 접근전략(middle range approach)을 지향하는 것이라고도 말할 수 있다. 이런 통합적 접근시각에서 보면 사회운동이란 우선 거시적인 차원의 사회구조적인 요인과 미시적인 차원의 개인적인 요인이 상호작용하는 과정에서 집단정체성을 형성해 나가는 것으로 이해된다.

그리고 그에 따른 집단의식이야말로 구조적인 고통이나 문제의식에 대한 개인 차원의 공명과 공감을 촉발하게 되고, 나아가 사회운동에 대한 참여를 독려하는 결정적 동인으로 작용하게 된다. 그런데 이 집단정체성을 중심으로 개인과 사회구조 간의 관계를 각각 추적해 보면, 집단정체성은 개인과 그가 놓여 있는 사회구조가 지속적으로 상호작용하는 동태적 자기진화 과정 속에서 발현되는 것인 만큼, 개인에게는 자기효능감(self-efficacy)과 문제의식을 촉발하고 사회구조적으로는 네트워크를 확장하게 된다.

그러니까 개인에게는 스스로 사회문제를 해결해 나갈 수 있을 것이라는 자신감을 높여주고, 자신과 타자 내지는 우리와 그들을 구분하는 경계 개념을 촉발하면서, 자기가 속한 계층이나 집단에 대한 자기 확신을 추동하는 속성을 지녔다. 그리고 이런 과정이 반복되면서 집단정체성을 공유하는 이들 사이에서 일종의 네트워크가 구축되는데, 바로 이 네트워크를 통해 정체성을 공유하는 이들 사이에서 일어나는 상호작용을 사회운동의 분석적 실체라고 규정해 볼 수 있을 것이다.

사회운동에 대한 이런 통합적 접근시각에 따르면 국가 간의 경계를 넘나드는 대안관광은 어떤 사회에 기속되어 있는 관광객 내지는 여행자가 이타적 동기에서 다른 사회의 구조와 상호작용하는 가운데 자기 성찰적 변화 내지는 성장을 도모하고 방문지 지역사회 구성원과의 사이에서 네트워크를 구축하며 나아가 집단정체성을 형성하면서 구조적 변화를 불러오는 과정으로 이해된다. 어떤 사회에서의 과시적 소비가 다른 사회에서의 자원봉사 내지는 윤리적 행위로 전환되면서 사회운동의 성과를 낳게 되는 것이다. 이렇게 서로 다른 사회의 경계를 넘는 사회운동을 위해서는 서로 다른 사회를 연결시켜주는 중개 과정 또는 매개기관의 존재가 필수적 과제일 것은 물론이다.

그리고 바로 이런 중개자 내지는 매개기관의 관점에서 보면 관광은 기관 관리 차원의 과제이자 사회운동의 수단적 방편 내지는 자원으로서의 의미를 지니게 된다. 대안관광의 매개를 사회운동의 한 과정 내지는 효율적인 도구로 인식하게 되는 이유이다.

IV. 대안관광의 전개 과정과 관광의 매개

1. 대안관광 전개 과정의 매개수요

대안관광이 사회운동의 한 수단으로 조직되고 운영되기 위해서는 사회심리적인 관점에서 볼 때 관광을 통해 사회운동에 나서고 그 결과 자기 자신의 사회문제에 대한 자의식을 개발하고 자기발전에 이르고자 하는 사람들을 포착하고 유인, 모집, 유지하는 일이 최우선적인 과제로 제기된다. 이는 마치 시장개척 과정에서 주요 고객 대상 집단을 포착하는 일(customer segmentation)이 가장 중요한 것과 같다. 인간은 누구나 자신이 추구하는 기댓값이나 가치 선호에 따라 살아가기 마련이다. 그 가운데 사회운동으로서의 대안관광이 추구하는 가치지향성이나 이타성을 선호하는 이들을 가려내기 위해서는 먼저 그들에 대한 이해가 선행되어야 한다(Kotler & Andreason, 2000: 273).

그렇지 않을 경우 관광객의 관광에 대한 이해와 방문지 지역사회의 관광에 대한 이해 사이에 차이가 생기거나, 관광에 내포되어 있는 이기주의와 이타주의, 자기 성장과 사회적인 헌신, 유희적 요소와 가치적 요소, 레크리에이션 효과와 방문지 지역사회의 발전과 변화 사이에서 균형을 유지하기가 쉽지 않게 된다. 이는 당연히 사회운동으로서의 대안관광을 유지하거나 관리하기가 어렵게 되는 주요 요인으로 작용한다. 따라서 관광객을 모집하는 사회와 관광객이 방문하는 사회 모두에 대해 잘 알고 있는 기관이 양자 간의 관계를 연계하거나 중개하는 일이 필요하게 된다. 각각의 사회에 운동의 현장을 가지고 있으면서도 국제적 네트워크를 갖춘 기관의 중개역할을 중시하게 되는 이유이다.

일단 충원된 관광객이 방문지 지역사회와의 접촉을 통해 사회운동에 나서고 그 결과 방문지 지역사회에 긍정적인 변화를 유도할 수 있게 되기 위해서는 관광의 기획단계에서부터 관광의 소비자와 생산자, 고용자와 피고용자가 함께 참여하는 관광 프로그램의 기획 과정을 필요로 한다. 이를 위해서는 방문지 지역사회와 그 지방정부가 보유하고 있는 관련 정보의 공개, 의사결정과정의 투명성 보장, 관련 정책결정 구조의 분권화 등이 요청된다(Thongma, 2009). 이는 사회운동이 지향하는 가치 실현을 위해서는 중앙정부 중심의 상명하달식 정책결정 양식에 내재되어 있는 일방주의를 부정하면서 지역주민 참여를 통한 자율적 소통과 그에 따른 총합적 접근(holistic approach)이 요청되기 때문이다.

관광산업이 지역사회 중심의 시각에서 추진되지 않고서는 결코 지역사회를 위한 것이 될 수 없으며, 지역사회를 위한 관광이 되지 않고서는 가치지향적이고 나아가 사회운동론적인 관광을 구현하기 어렵다. 그런 점에서 참여관광은 지역사회 중심의 사회운동관광을 지칭하는 또 다른 이름이기도 한 셈이다. 그런데 이렇게 지역사회의 참여를 독려하기 위해서는 참여의 공간을 창출하고 독려하는 노력이 전제되어야 한다. 따라서 지역사회에 뿌리내리고 있어 지역에서의 자원동원이 가능한 기관이 매개 활동에 나서야 효율적일 것은 췌언을 요하지 않는다.

이런 지역사회 중심의 관광을 추진하는 경우 우선 경제적으로 볼 때, 로컬 푸드(local food) 같은 지역 산출물을 이용한 관광산업을 겨냥하고, 그 결과 경제누수율을 줄여 지역경제를 다원화하는 것은 물론이고 지역 공동체의 자족도를 높일 수 있게 된다. 이런 지역 친화적인 관광은 관광객으로 하여금 보다 더 지역사회의 현실에 밀착하는 여행을 경험할 수 있게 하고, 그 결과 지역의 현실과 사회적 특성에 눈뜨게 하며, 이를 통해 자신의 의식개발에도 이를 수 있게 된다. 이 점에 주목하는 이들은 이를 학습관광(edutourism)이라고 부르기도 한다. 그러나 학습관광은 단지 지역사회의 현실에 눈뜨는 것 외에도 지역 토착문화에 대한 노출을 통해 문화다원주의 내지는 상대주의의 가치를 깨우치고, 환경보존의 중요성을 체험하게 되는 것이기도 하다.

이렇듯 체험을 통해 간접교육을 지향하는 것 외에도 방문의 목적 자체를 교육에 두는 경우도 여기에 해당된다. 영어교육, 경제개발기술교육, 역사교육, 인권교육, 평화교육 등의 프로그램을 통해 학습 자체를 관광의 직접적인 목표로 삼고자 하는 경우이다. 여기에 더해 탐험관광이나 유적조사, 환경생태조사 등을 목적으로 하는 경우에는 사회조사 방법의 적용, 네트워크의 구축, 새로운 정보자원의 습득 등을 통해 자신의 지적 능력과 자기 효능감을 확인하고 촉구해 나갈 수 있게 된다.

이런 과정을 통해 지역사회의 발전과 변화를 유도하고 관광객 개개인의 자기 효능감이나 사회문제에 대한 의식을 촉발하게 된다고 하더라도,

과연 그것이 그로 하여금 사회운동에 지속적으로 참여하도록 독려하고 압박하는 핵심적 요인으로 작용할 수 있는가에 대해서는 별도의 검토를 필요로 한다. 지금까지 사회운동에 적극적으로 참여해 본 일이 없는 사람으로 하여금 지속적으로 사회운동에 참여하도록 유도하기 위해서는 한두 번의 관광 참여나 방문지 지역사회에 대한 노출이 아니라 계속적인 관리와 후속 조치가 이루어져야 할 것이기 때문이다. 관광 참여자에게 있어 지속적인 사회운동 참여는 사회운동론적 관점에서 볼 때, 새로운 삶의 양식을 의미하는 만큼 자기 결단을 필요로 하는 일이다. 지속적인 관리와 후속 조치를 담당하는 매개기관이 필요하게 되는 이유이다.

2. 대안관광 매개 과정의 자기모순 과제

사회운동으로서의 대안관광이 대중관광에 비해 환경친화성을 지향하는 것은 두말할 필요도 없다. 그러나 환경친화성을 지향하는 생태관광도---그것이 어떤 형태의 것으로 구체화되든---결과적으로는 환경파괴에 기여할 수밖에 없다는 자기모순적 요소를 내포한다. 사회운동으로서의 관광에 환경친화적인 관광이란 처음부터 성립하기 어렵다는 뜻이다. 인구의 이동은 당연히 교통을 유발하고 이는 탄소 배출량의 증가로 이어지며, 생태관광이 방문국의 자연생태를 관광의 목표물로 삼는다고 해서 그것이 곧바로 환경친화적인 관광이 되는 것은 아니다. 오히려 생태현장에 대한 잦은 방문과 밀착 체험으로 인해 환경파괴나 생태교란의 위험성은 더 커질 수도 있다. 트레킹이 대형 리조트의 건설보다는 훨씬 더 환경친화적인 것이 사실이기는 하지만 그렇다고 해서 자연생태 유지에 악영향을 주지 않는 것은 아니다. 오히려 이런 현장 밀착적인 관광이 생태현장의 보존에는 역진적인 영향을 불러오게 된다.

같은 이치로 대안관광이 지역토착민의 전통이나 문화를 보호하는 사회운동에 나선다고 하더라도 이를 구현하기란 생각처럼 쉬운 일이 아니다. 외부 방문자의 증가는 그것이 어떤 형태의 것이든 방문지 지역사회에 다양한 유형의 문화적 충격을 주게 마련이고, 그런 점에서 전통문화 유지에 결코 긍정적이라고 할 수 없다. 이는 미국의 인디언 보호구역 설정과 그들의 생계보장을 위해 그들을 관광자원화한 정책이 종당에는 인디언 사회의 전통문화 유지나 사회공동체의 활성화에 기여하는 것이 아니라 오히려 보호구역 내에 사는 사람들의 인성 파괴와 자긍심 상실로 나타나면서 그들의 문화적 정체성 유지에 역진적으로 작용했다는 사실에서 보다 더 분명해진다. 이런 점들을 감안해 보면 사회운동 차원의 대안관광은 소규모여야 할 뿐만 아니라 되도록 자주 조직해서는 곤란하다는 과제를 낳는다.

그러나 대안관광이 사회운동론적 목적 가치의 구현에 보다 더 기여하기 위해서라면 관광을 보다 더 자주 조직하고 보다 많은 사람이 참여하도록 독려해야 마땅하다는 자기모순에 빠진다. 따라서 이런 갈등적 요구를 조정하여 방문지 지역사회의 생태, 문화, 경제 차원의 지속가능성을 유지하고 관광 자체를 계속 유지할 수 있도록 하기 위해서도 관광 매개기관의 지속가능성 유지는 핵심적 과제에 해당된다. 이를 위해서는 관광 매개기관이 최소한 대안관광을 위해 재투자할 수는 있어야 하고, 재투자가 가능하기 위해서는 관광을 매개하는 일이 재투자에 필요한 채산성이나 경제적 이윤을 보장할 수 있어야 한다. 이런 자원동원론의 관점에서 보면 관광의 규모는 클수록 좋다는 결론에 이르게 된다.

그러나 그렇다고 해서 경제적 이윤의 창출에만 주력하는 경우 당연히 사회운동으로서의 대안관광이 자신의 존립 의의나 가치지향성을 상실하게 되고, 이를 매개하는 기관도 사회운동 중개자로서의 의의를 상실하게 될 것은 자명한 이치이다. 여기에 더해 산업으로서의 관광은 그것 자체로서 방문지 지역사회의 문화, 전통, 환경 따위를 상품화하고자 하는 성질을 동반하기 마련이다(Wall & Mathieson, 2006). 이 경우 문화나 전통 따위를 수입 창출이나 가구소득 증대를 위해 쉽게 팔 수 있는 상품으로 전환하려는 상업주의가 방문지 지역사회의 가치관을 전도시킬 위험성을 내포한다. 대안관광의 매개가 단순히 수지타산만을 노리는 순수기업 형태를 취해서는 사회운동론적 가치를 추구하기가 어려워지는 이유이다.

따라서 사회운동론 차원에서 본 관광의 매개 과정은 기본적으로 소규모이면서도 가치지향적인 성격을 유지할 수 있어야 한다. 그러나 관광산업 현장에는 대안관광만 존재하거나 판촉하는 것이 아니다. 기존의 대중관광은 물론이고 다른 대안관광과도 경쟁해야 한다. 이런 경쟁체제 속에서 과연 적정한 서비스의 질을 유지하면서도 적정 가격을 견지하고 또 사회운동 수단으로서의 가치지향적인 목표를 달성할 수 있을 것인지가 관광 매개기관이 당면하는 또 다른 차원의 과제이다.

자원동원론의 관점에서 볼 때 사회운동이 효율적으로 전개되기 위해서는 주민참여가 핵심적 과제 가운데 하나로 제기된다. 그러나 그런 참여관광의 경우에도, 주민참여의 문화적, 사회적 자원이 준비되어 있지 않은 곳에서 주민참여의 기회 공간이 마련된다고 했을 때, 과연 민주적 참여를 보장할 수 있을 것인가가 해결해야 할 난제 가운데 하나이다. 이는 마치 사회자본이 축적되어 있지 않은 곳에서 민주적 의사결정과 직접민주주의가 꽃피우기를 기대하는 것과도 같다. 지역주민의 참여를 통해 외국 매판 자본의 유입을 차단할 수 있을지는 몰라도, 오히려 지역의 토호세력이나 소수의 지역경제 주체에 의해 동원되는 가성(假性) 참여 내지는 동원 참여를 유발하게 될 가능성이 작지 않다.

지역공동체 내부에 또 다른 양식의 자기 착취구조를 형성하게 될 위험성이 있다는 뜻이다. 지역경제 외부로의 과실 이전이 차단되고 그로 인해 경제누수율이 낮아진다고 하더라도, 그것이 곧바로 방문지 지역사회의 관광산업 참여자 모두에게 고른 배분, 정의로운 과실 공유를 보장하게 되는 것은 아니다. 오히려 지역사회의 상부구조에 의해 원주민이나 지역사회 열등세력에 대한 재착취구조를 정당화하거나 영속화하는 데에 기여하게 될 위험성이 작지 않다. 경제발전의 누하전략(trickle down effect)이 내포하는 문제는 지역경제 공동체 내부에서도 여전히 작동할 것이기 때문이다.

대안관광을 통한 사회 열등세력의 인권보호 문제도 같다. 사회운동으로서의 대안관광이 그의 운영 과정에서 여성을 성적 유희의 대상으로 삼는다거나 청소년의 노동력을 착취하고 소수민족이나 원주민의 정당한 권리를 무시하는 등의 행위를 일체 배격하고자 할 것은 당연한 일이다. 너무나도 당연하고 또 그렇게 해야 한다는 데에 이의를 제기할 사람은 아무도 없다. 다만 그렇게 했을 경우 그들의 생계는 어떻게 되는가의 문제가 남는다. 유소년 노동착취를 비난하는 제1세계 시민사회운동단체의 압력에 못 이겨 터키의 수제 카펫공장은 유소년 노동자들을 모두 해고해야 했다. 일거에 생계가 막연해진 유소년들이 인신매매 시장으로 유입되면서 보다 더 비참한 생활을 영위해야 했다는 사실은 시사하는 바가 적지 않다.

이 점에서 보면 관광을 통한 사회운동을 사회의 다원적인 구조와 유리해서 별도의 영역으로 인식하거나 다루어서는 곤란하다는 결론에 이르게 된다. 단순히 관광 그 자체 또는 관광 매개 업무 자체에만 분리적으로 대응하는 기관이 사회운동으로서의 관광을 매개하는 일에 나서서는 곤란하다는 의미이다. 관광 매개기관은 관광을 통한 사회운동에 있어 이를 보다 총합적이고 다원적인 차원에서 유기적으로 접근할 수 있어야 하고 그런 여건을 갖춘 기관이어야 한다. 이는 방문지 지역사회에 대한 감정이입이 가능할 뿐만 아니라 사회정책과제를 다차원적으로 접근할 수 있는 자원과 의지, 네트워크 및 경험을 축적한 기관이어야 한다는 의미와 다름없다.

V. 매개기관으로서의 시민사회운동단체

대안관광 또는 사회운동으로서의 대안관광을 조직하거나 매개하는 일은 실로 다양한 차원의 이율배반적 과제에 직면한다. 그만큼 매개기관의 조정력이나 균형자적인 역할 수요가 크다는 의미이다. 따라서 여행사나 호텔업계같이 기존의 상업주의적 성격을 지닌 관광 매개기관보다는 시민사회운동단체가 자체의 기존 운동 목표를 구현하거나 운동의 동력을 확장하기 위한 보조 수단으로 사회운동으로서의 대안관광의 매개 업무에 나서는 경우 훨씬 더 문제해결의 가능성이 커지고 오히려 승수효과를 기대할 수도 있게 된다.

먼저 관광에 대한 참여를 권유하기 위한 대상 집단을 포착하는 데에 유리하다. 단순히 여가를 즐기기 위한 유희적 동기에 국한하는 것이 아니라 자신의 정체성 성찰이나 방문지 지역사회의 발전에 강조점을 두고자 하는 사회운동 지향적인 관광객은 그의 취미, 인성, 가치, 경제적 지위 등 사회심리적 여건을 규정하는 조건에 있어 기존의 상업주의적인 대중관광 참여자와는 다를 수밖에 없다. 그런데 기존의 시민사회운동단체의 경우에는 바로 이런 가치지향적인 대상 집단을 포착하는 일에 있어 상대적으로 유리한 위치에 있다. 이미 자신의 시민사회운동에 참여하거나 지원하는 이들이 지근거리에 있어 판촉의 대상을 파악하기가 용이하고 이들을 토대로 대상 집단을 확장해 나갈 수 있기 때문이다.

이렇게 시민사회운동 네트워크를 통해 모집되는 사람들은 시민운동 경험의 공유자라는 점에서 서로 동질적이기 때문에 참여자들 사이의 네트워크 구축이나 유지에 있어서도 훨씬 더 용이하다. 무엇보다도 관광 참여 이후에도 지속적인 관리와 후속 사업의 개발이나 기존의 시민사회 사업과의 연계 작업도 가능하게 된다는 장점을 지녔다.

자원동원론의 관점에서 보면 시민사회운동단체의 경우에는 대안관광을 이미 자신이 추진하거나 활동해 온 사회운동의 연장선상에서 조직하거나 매개할 수 있기 때문에 추가적인 자원이나 비용의 투입에 대한 요구가 상대적으로 작아지게 된다. 사회운동 관련 매몰비용(sunken cost)이 누적되어 있기 때문이다. 기존의 인력, 자원, 조직, 가치체계 등을 활용하는 까닭이다. 이로 인해 매개기관의 지속가능성을 유지하면서도 작은 규모로 관광을 유지하는 문제에 있어서도 시민사회운동단체는 상대적으로 유리한 입장에 있다. 매몰비용으로 인해 대안관광 매개 과정의 단위당 채산성을 맞추기가 용이하기 때문이다.

관광 매개 업무를 기성의 상업주의적인 조직이 담당하는 경우에는 자본의 생리와 기업의 속성으로 인해 관광의 규모를 지속적으로 확장하고자 할 가능성이 커지게 된다. 그러나 시민사회운동단체가 관광을 조직하거나 중개하는 경우에는 상업주의가 자체의 기본 기관 목푯값이 아니고 기존의 운동 목표를 달성하기 위한 후원적, 조장적, 보충적 범위 내에서 추진하고자 할 것임으로 스스로 한계를 갖게 된다. 관광의 규모나 빈도를 적정 수준에서 유지하기에 유리하다는 뜻이다.

방문지 지역사회의 과제와 수요에 정통한 기관이 관광을 매개할 때 지역밀착적이고 현장지원적인 협력이 가능해질 것이라는 점에서도 지역에 현장을 가지고 있는 시민사회운동단체는 절대적으로 유리한 입장에 있다. 지역에서의 시민사회운동을 통해 무엇이 필요하고 어느 곳에 필요한지를 잘 알고 있을 것이기 때문이다. 관련 네트워크를 통해 인적, 물적 자원을 동원하기가 유리하다는 장점도 있다. 이 점은 가치지향성을 배제하는 시장의 경우 결코 경쟁할 수 없는 요소이다. 그러나 관광객을 모집하는 사회와 방문지 지역사회 모두에 정통해야 한다는 점에서는 시민사회운동단체 가운데에서도 국제적인 네트워크에 기초한 시민사회운동단체가 가장 적합하다고 할 수 있다.

방문지 지역사회에서의 주민참여가 필요하고 이를 위해서는 사회자본의 축적이 전제되어 있어야 한다는 점에서도 시민사회운동단체 특히 종합 시민사회운동단체의 매개 활동이 절실히 요청된다. 사회자본의 축적은 하루아침에 이루어지는 것이 아니기 때문에 이를 위해 의도적으로 노력하는 일이 필요하며, 이는 시민사회운동단체들이 일상의 과제로 전개하는 일감 가운데 하나이다. 특히 종합 시민사회운동단체의 경우에는 실로 다양한 관련 프로그램을 운영하고 있어서 사회 각 영역과의 연대를 통한 협력적 노력의 경주가 용이한 상태에 있다. 참여 이후의 왜곡이나 일탈을 감시하기 위해서도 지역의 시민사회운동단체가 효율적이다.

결국 사회운동으로서의 대안관광을 매개하는 일은 가치지향적이고,

현장밀착적이며, 지역정주적이고, 사회 각 영역 및 국제적인 연대활동 네트워크를 갖추고 있는 종합 시민사회운동단체가 기존의 다양한 사회운동과제의 지원적, 조장적, 보충적 동기에서 유기적으로 추진할 때 보다 더 효율성이 크다는 뜻이다.

VI. 결론

대안관광을 사회운동의 관점에서 접근하는 경우 다원적인 해석이 가능하다. 대안관광이 대중관광의 폐해를 고발하고 시정하기 위한 대응전략의 하나로 등장했다는 점에서는 사회운동의 결과물에 해당된다. 그러나 대안관광을 통해 방문지 지역사회의 구조적 모순을 시정하거나 완화하고자 한다는 점에서는 사회운동의 수단적 방편이라고 하지 않을 수 없다. 대안관광을 통해 관광 참여자들의 자기 성찰이나 사회적 과제에 대한 인식의 틀을 교정하게 된다는 점에서는 그것 자체가 사회운동의 한 양식인 셈이기도 하다.

따라서 대안관광을 사회운동론의 관점에서 조직하거나 매개하는 일도 다차원적일 수밖에 없다. 대안관광을 사회운동론의 관점에서 접근하는 일이 대안관광이 대중관광에 대한 비판적 평가에서 출발했음에도 불구하고 여전히 대중관광의 유재를 내포한다는 사실에 대한 반발에서 비롯되었다는 점에서는, 그것 자체가 사회운동의 결과물 가운데 하나인 셈이다. 그러나 이를 통해 사회운동을 촉진하거나 조장하는 것이라는 점에서는 사회운동의 전략적 수단에 해당된다. 나아가 그 과정을 통해 대안관광에 대한 인식의 틀을 교정할 수 있게 된다는 점에서는 사회운동의 한 양식이기도 한 것이다.

이렇듯 다면적인 차원에서 포착되는 사회운동적인 요소를 감안해 보면 대안관광의 매개 작업을 사회운동의 연장선상에서 다루는 경우 사회운동을 기관목표로 활동해 온 시민사회운동단체가 담당해야 보다 효율성이 높을 것이라는 점은 자명한 이치이다. 관광 참여 대상 집단을 포착하고 충원하는 데 있어서의 유리한 입장, 방문지 지역사회 현실에 대한 이해력과 현장 밀착 능력, 국제적 네트워크와 지구적 연대력의 확보, 다양한 정책과제와의 융합 능력, 높은 관련 매몰비용의 축적, 종합적 사회운동단체로서의 유기적인 대응력, 보조적, 지원목적적 관점에서의 접근 전략 등 대안관광을 매개하는 데 있어 상대적으로 유리한 여건을 갖추었기 때문이다.

그러나 대안관광을 사회운동론의 관점에서 접근하고자 하는 일이 언제나 순률적인 것은 아니다. 아무리 대중관광, 보다 구체적으로는 그의 연장선상에서 대안관광의 문제점을 극복하기 위한 것이라고 하더라도, 대중관광에 대한 비판의 핵심이라고 할 수 있는 관광의 유희적인 요소를 완전히 극복하기는 어려운 일이다. 아니 대안관광을 사회운동론의 관점에서 접근하고자 하는 동기를 구성하는 핵심 요인 가운데 하나가 대안관광에는 그것이 가치지향적인 것임에도 불구하고 여전히 유희적인 요소가 남아 있어 참여의 유인성이 적지 않다고 보기 때문이다. 그런 점에서 대안관광을 사회운동론적인 관점에서 매개하고자 하는 노력은 결과적으로 유희적인 요소와 가치지향적인 요소 사이에서 어떤 배분적 의지를 가지고 균형을 유지하느냐가 그의 성패를 좌우하는 핵심적 과제인 셈이다.

이 점은 이기주의와 이타주의, 여가 지향성과 자원봉사 지향성, 사회심리적 요인과 사회구조적 요인, 합리주의와 감성주의 등 실로 다차원에 걸쳐 나타나는 현상이기도 하다. 그러나 그럼에도 불구하고 기존의 대안관광에 비해 사회운동을 지향하는 대안관광 또는 그런 관광을 매개하는 일의 가치지향성은 존재구속적으로 매우 높지 않을 수 없다. 그렇게 규정하고 거기에서부터 사회운동의 동력으로 삼고자 하기 때문이다. 그 점에서 대안관광을 사회운동론의 관점에서 매개하고자 하는 일은 상대적으로 큰 규범적 요소를 내포한다. 그렇기 때문에 경험계에서는 이런 윤리적 성격의 여행을 조장하는 일이 언제나 성공적인 것은 아니다.

관광을 통한 사회운동이 사회 변혁에 대한 외부 의존성을 높이면서 방문지 지역사회의 사회적 자립 능력을 훼손하게 될 가능성도 있다. 무엇보다도 관광객이 방문지 지역사회를 타자화하는 관념상의 경계를 극복하도록 하는 일에 결과적으로 무력할 수밖에 없다는 점은 매우 심각한 과제이다. 관광이 볼거리에 대한 즐거움이 아니라 사회운동을 통한 가치 실현으로 목푯값이 이동하는 데에는 후기 근대의 과시적 소비, 즉 타자와의 차별화가 전제되어 있다. 관광의 속성상 방문지 지역사회에 대한 노출이 기본적으로는 단기적일 수밖에 없으며, 그렇기 때문에 방문지 지역사회를 상대로 하는 사회운동이 단기적일 수밖에 없다는 점도 문제이다.

바로 이런 점에서 가치지향적인 사회운동으로서의 대안관광이나 이를 주선, 매개하는 작업은 결국 제3세계에 대한 개인적인 죄책감을 우회하거나 호도하려는 것에 지나지 않는다는 비판도 제기되어 있다. 심지어는 식민시대의 향수를 자극하는 후기 근대판 제국주의의 발로라는 경계심 어린 문제 제기에 당면해 있는 것도 사실이다(Harkin, 1995: 652). 이런 인식상의 차이는 대안관광과 그것을 매개하는 과정에서 보다 더 주변

환경과 소통하며 충분히 정보를 공유하기 위한 노력을 경주해야 한다는 주문과 다름없다. 대안관광과 그것을 매개하는 작업은 그것 자체가 일종의 문화적, 인종적, 인간적, 사회적 소통의 한 양식이자 수단이지만 동시에 소통을 전제하지 않고서는 그가 지향하는 소기의 목적을 달성하기 어렵다는 점에서 자기모순적 과제이다.

그럼에도 불구하고 위안이 되는 것은 후기 근대에서는 이제 어느 분야에서건 더 이상 일반적, 보편적 안내 지침(guiding code)을 강요하지 않게 되었다는 점이다. 다양성과 다원성은 이 시대의 본질 가운데 하나이다. 서로 다른 것들 사이의 공존과 공존에 대한 따뜻한 욕구가 후기 근대의 핵심적 코드이자 숙명이기도 하다. 사람들 사이의 관계가 타자와 함께 하는 시대로부터 타자를 위하는 시대로 전환되고 있다. 전자가 권력에 의존하는 것이라면, 후자는 사랑에 의존하는 시대를 말한다. 사회운동이 타자에 대한 헌신이나 기여를 전제하는 것이라고 한다면 이는 사회운동형 관광이 일상화하지 않을 수 없는 시대에 들어서게 되었음을 뜻하는 것과 다름없다.

제2장

자원봉사로서의 대안관광

I. 서론

대안관광 가운데 20세기 이후 성장을 거듭하는 사회참여 관광으로는 자원봉사관광(VT: Volunteer Tourism)[1)]을 들지 않을 수 없다. 자원봉사관광은 이를 자원봉사관광객의 입장에서 보면 많은 수식어를 필요로 하는 일이지만 가장 기본적으로는 개인적이고 독특한 경험을 찾아 떠나

1) 자원봉사관광은 그의 다면적 성격 가운데 어디에 강조점을 맞추느냐에 따라 volunteer tourism, volunteer vacation, mini-mission, mission lite, short term mission, pro-poor tourism, vacation volunteering, altruistic tourism, service based tourism, participatory environmental research tourism and voluntourism 등 실로 다양한 용어로 지칭된다(Chen & Chen, 2011).

는 여행과 다름없다. 그러나 이를 매개하는 기관의 입장에서 보면 흔히 의료지원, 사회경제발전, 문화역사 복원 같은 방문지 지역사회의 현안에 기여함으로써(Stoddart & Rogerson, 2004) 빈곤을 경감하거나, 훼손된 환경을 복원하고, 사회조사 활동을 통해 지역사회에 대한 기초정보를 수집하는 등 관광객이 휴가 기간 동안 자원봉사에 나설 수 있도록 방문지 지역사회의 수요와 관광객의 욕구를 조정, 매개하는 일로 간주된다(Wearing, 2001). 방문지 지역사회로서는 관광을 통한 경제 활동의 한 양식이자 지역 현안 해결에 필요한 외부 자원의 유입 통로로 이해된다.

이런 자원봉사관광을 자원봉사의 선의성에 주목해 보면 관광객 스스로가 좋은 시민이 되고자 베푸는 배려의 한 양식이거나(Parker, 1992), 곤궁에 처한 타인을 위해 자신의 처분 가능한 시간과 돈을 기부하는 일이며(McGehee & Santos, 2005), 나아가 방문지 지역사회의 발전이나 유의미하다고 생각되는 개혁 과제의 구현에 기여하고자 하는 헌신의 한 양식으로도 평가된다. 그러나 관광의 한 유형이라는 관점에서 보면 스스로를 관광객(tourist)보다는 여행객(traveler) 내지는 탐험가(explorer) 또는 개척자로 인식(Chen & Chen, 2011)하려는 경향이 있으며 "100마일 이상 떨어진 곳으로 여행해서 최소한 24시간 이상 머무르는 것"을 전제로 구성된다는 주장(Taillon & Jamal)도 제기되어 있다. 대체로 사회 중류층 이상의 잘 교육받고, 지구화에 대한 인지도가 높은 사람으로서 자주 여행하고 흔히 여행을 통해 친숙성보다는 참신성을 모색하고자 하는 이들이 주로 참여하는 것으로 조사되고 있다.

따라서 관광객의 출발지 사회와 방문지 사회가 서로 다르다는 점을 전제로 이루어지는 사회참여 관광 가운데 하나인 셈이다. 그 가운데에서도 서로 다른 나라, 특히 제1세계와 제3세계 사이에서 이루어지는 대안관광을 말하는 것과 다름없다. 그런 탓에 자원봉사관광에 나서는 이들은 대체로 반지구화, 반시장주의, 반제국주의 등 지구 현안에 민감한 사람들일 가능성이 크다. 자원봉사관광 이전부터 도시개발, 환경보존, 고아 돌봄, 사회 열등세력에 대한 지원 등 자원봉사에 대한 경험이 축적되어 있을 가능성도 큰 것으로 평가된다.

이런 자원봉사관광이 최근 들어 활성화하게 되는 이유는 범지구적으로 복지국가가 실패하고 특히 제3세계의 경제가 피폐해지면서 전통적인 사회복지체제가 해체되고, 그에 따라 사회복지 공백을 메워야 한다는 사회적인 경각심이 커지는 등 실로 다양한 이유가 작용한 탓이겠으나, 그 가운데에서도 가장 큰 것은 아무래도 정보사회의 도래와 그에 따른 사회구조의 변화에서 그 원인을 찾을 수 있을 것 같다.

산업사회에서는 기계기술이 인간의 근육을 확대시켰지만, 정보사회에서는 전자기술이 인간의 지능을 강화한다. 인간의 의식, 사고, 창조력, 가치관, 사회제도 등을 근본적으로 변화시키면서 생산양식에 혁명적 변화를 낳는다. 정보기술과 통신산업이 시·공간의 제약을 극복하고, 개인, 기업, 국가 간의 유기적인 연결망을 확대하면서 사회 시스템의 '지능화'를 불러오게 되었다. 정보유통의 광역성이 원격조정사회를 낳고, 정보의 무한복제성은 생산시스템의 경제성을 혁신적으로 바꾼다. 과거 공장식 생산양식에 기속되어야 했던 이들이 이제는 시·공간적인 자율성과 생산성을 확보하면서 보다 여유 있는 시간적, 경제적 여가를 즐길 수 있게 되었다. 자원봉사와 관광에 나설 수 있는 사회, 경제적 여유가 지속적으로 확장되고 있는 것이다.

정보사회에서는 또 정보의 유동성 증대가 정보유통구조의 역동성을 촉진하면서 정보자원의 수평적 확산과 전문지식의 사회적 공유를 제고하게 된다. 과거 정부의 관료나 전문가에 의해 배타적, 독점적으로 지배되던 정보가 보다 널리 공유되며 오히려 민간부문의 전문성이 정부보다 상대적으로 더 높아진다는 평가도 있다. 또한 정보유통의 속도성, 경제성, 광역성이 사회관계의 밀도와 빈도를 높이면서 사회적 네트워크의 범위와 강도를 심화시킨다. 이런 사회적 네트워크의 확장이 외부 정보자원에 대한 공동체 구성원의 노출 빈도와 소화력 증대를 가져올 것은 물론이다. 보통 사람도 이제는 사회문제 해결에 대한 식견과 능력을 구비할 수 있게 되었다. 비전문가로서의 자원봉사자라고 하더라도 최소한의 필요 정보자원에 대한 독해력과 문제해결 능력을 갖추기가 유리해졌다는 뜻이다.

그러나 이런 정보유통 양식의 변화는 정보의 협송성 증대와 함께 사회구성원의 원자화 내지는 파편화를 심화시키면서 소외의식, 상실감, 삶에 대한 불안감을 높이는 결과를 낳는다. 이로 인해 다른 사람과의 교류나 경험의 공유 같은 인간적인 만남을 통해 심리적 안정감과 충족감을 얻고자 하는 욕구가 확산된다. 이런 욕구에 대한 사회적인 조응이 잘 이루어지지 못하는 경우 자살, 범죄, 정신질환 등 다양한 양식의 사회문제를 유발하기도 한다. 당연히 자신도 언젠가는 그런 문제에 직면하게 될지도 모른다는 위기의식을 갖는 이가 적지 않게 될 것은 당연한 이치이다. 정서적인 교류, 감성적인 접촉같이 인간적인 만남을 통해서만 해결 가능한 욕구가 누적되는 것이다. 따뜻한 배려나 인간적인 헌신을 동반하기 마련인 자원봉사에 대한 수요가 커지고 있다는 의미와 다름없다.

나아가 정보사회의 극점이라고 할 수 있는 '드림 소사이어티(Dream Society)'의 도래가 멀지 않았다는 인식은 감성 중시 사회가 가까웠음을 예견하고, 그에 대한 대응 태세를 갖추도록 요구하는 변화도 낳는다. 드림 소사이어티는 기업, 지역사회, 개인이 데이터나 정보가 아니라 '이야기'를 바탕으로 성공하게 되는 사회이다. 이성이 아니라 감성에 직접 호소한다. 과학과 합리주의, 분석과 실용주의를 특징으로 하고 상징분석가들이 사회의 상층계급을 차지하는 것이 정보사회라면, 드림 소사이어티에서는 연대감, 친밀감, 우정, 사랑, 관심, 신념, 마음의 평안, 나는 누구인가와 같은 감성적 주제에 주목하는 성질을 지녔다(롤프 예센, 2005).

사회구조적으로는 정보자원에 대한 접근성의 증대가 원격지 사회에 대한 관심을 제고하고 다른 나라와의 교류를 확장하는 성질을 지녔다. 이로 인해 지구화가 촉진되면서 지구화 시대를 낳고 이는 다시 지구시민의식을 발양하면서 보통 사람들로 하여금 이제 이중적인 문화 정체성을 갖도록 향도하는 변화를 낳았다. 자기가 속한 지역공동체 구성원으로서의 정체성 외에도 지구시민사회 구성원으로서의 정체성을 추가하는 현상이 확대되는 것이다(Arnett, 2002). 이로 인해 먼 나라 다른 지역에서 일어나는 일이라고 하더라도 이를 단순히 남의 일로 간주하고 외면하지 않게 되었다. 지구화 시대는 지구촌 일각에서 일어나는 국지적인 현상을 범지구적인 과제로 인지하고 대응하는 생활양식을 낳는 것이다. 지구화 시대의 도래 이후 개인 간, 지역 간, 국가 간 상호작용과 상호의존성의 정도가 높아지면서 어떤 한 나라에 문제가 발생하는 경우 그로 인한 파급효과가 범지구적으로 연계되어 나타나게 된다. 자연히 먼 나라 다른 사회에 대한 관심이 제고될 것은 당연한 이치이다.

바로 이런 사회구조의 변화와 그런 변화에 보다 적극적으로 조응해야 한다는 인식이 자원봉사관광의 범지구적인 발흥을 낳고 있다. 자원봉사관광은 일반적으로 봉사자의 시간적 여유, 재정 상태, 전문지식의 보유 같은 인적자본; 사회적 연결망의 밀도나 범위, 외부 정보에의 가촉성이나 소화능력 같은 사회자본; 봉사와 헌신에 대한 가치 부여 같은 문화자본 등이 충족될 때 활성화 된다(Wilson & Musick, 1997: 695-700). 그런데 정보사회의 도래는 자원봉사자의 인적자본과 사회자본을 확장하면서 동시에 인간의 따뜻함에 대한 그리움, 공동체주의에 대한 수요, 새로운 환경변화에 대한 이해의 증진, 감성주의에 대한 호소 등 자원봉사에 대한 사회문화적인 수요를 낳는다. 정보사회는 관광을 통해 자원봉사에 나서고자 하는 자연인 개개인의 자원봉사에 대한 욕구와 함께 자원봉사에 대한 사회적인 수요를 확대 창출하는 성질을 지녔다.

II. 자원봉사관광과 포디즘

이렇듯 자원봉사관광이 자원봉사와 관광을 융합하는 사회참여 관광 가운데 하나라는 점에 착안해 보면 이 가운데 특히 자원봉사를 어떻게 이해하느냐에 따라 실로 다양한 인식론적 프레임이 제시될 것은 당연한 이치이다. 그리고 그런 인식론적 프레임이 시대 성격의 변화에 따라 영향을 받을 것도 물론이다. 그런 점에서 근대의 기계론적 세계관에 기초한 포디즘(Fordism)을 반영하는 프레임으로는 발전론과 인도주의를 들 수 있다. 이들은 모두 어떤 사회의 발전 정도나 가치 척도를 시·공간을 초월해서 다른 나라로 복제할 수 있다고 믿는다거나 일원적 세계관 위에 정립되어 있다는 점에서 같다.

1. 발전론적 접근시각(development theory perspective)

자원봉사관광을 발전론의 관점에서 접근하는 이들은 자원봉사관광이 방문지 지역사회의 발전에 기여할 뿐만 아니라 그 지역에 대한 방문을 통해 관광산업을 진흥하고 그 결과 경제적 성장에도 기여하는 것으로 이해한다. 자원봉사관광을 제1세계의 제3세계에 대한 개발협력의 한 양식으로 인식하는 셈이다. 그러나 이런 발전론적 접근시각은 대개 2개의 관점에서 비판된다.

먼저 개발협력 수단으로서의 자원봉사관광은 매우 비효율적이다. 명목상 자원봉사관광의 외피를 두르고 있으나 그 운영 실제에 있어서는 대개가 학업 안식년(gap year)을 맞이한 북반부 제1세계 내지는 경제적으로 여유가 있는 나라의 청년들이 누리는 유락 기회 이상도 이하도 아니라는 평가다(Sutcliffe, 2012: 1). 따라서 자원봉사를 통해 방문지 지역사회의 발전에 기여한다는 것은 처음부터 자원봉사관광이 의도하는 실질적이고 우선적인 목푯값이 아닌 셈이 된다. 그 결과 자원봉사관광에 나서는 관광객이나 이를 매개하는 기관의 이해관계가 방문지의 이익을 우선하게 되고 그렇기 때문에 방문지 지역사회의 효율적인 발전을 기대하기는 힘들다(Palacios, 2010). 설사 자원봉사관광의 참여자들이 방문지 지역사회 발전을 위해 최우선적으로 헌신하고자 한다고 하더라도 대부분이 미숙련 자원봉사자인 까닭에 실제로는 개발사업의 효율적인 운영과 집행에 기여하기보다는 불만족스러운 결과를 낳는 것이 보통이다(Guttentag, 2009).

보다 본질적인 문제는 자원봉사를 통해 방문지 지역사회의 발전에 기여하고자 한다고 하지만 정작 저발전의 근본 원인에 대해서는 이를 다루지 않는 경향이 있다. 관광을 통해 자원봉사에 나선다는 인식의 프레임 자체가 서구문화 중심주의를 반영한 것일 뿐만 아니라 자원봉사를 통해 구현하고자 하는 방문지 지역사회의 발전 목표가 서구사회의 발전론을 복제하자는 것과 다름없다는 점도 문제이다(McGehee, 2012: 96). 자원봉사관광은 또 방문지 지역사회의 빈곤을 개선하거나 발전을 추동하기 위해서는 자원봉사자가 방문지 지역사회를 향해 어떤 형태로든 물질적, 교육적, 또는 정서적 선물을 일방적으로 제공하는 관계에 있다고 본다. 자원봉사자와 방문지 지역사회 사이에 자원봉사자 중심의 권력적 불균형 내지는 불평등 관계가 구축되어 있음을 상정하는 셈이다. 이렇듯 양자를 이분법적, 차등적 관계로 인식하는 프레임은 자원봉사관광을 통해 오히려 더 강화되고 나아가 굳어질 위험성을 동반한다. 이는 자원봉사자가 속한 사회와 방문지 지역사회 사이의 물질적 불평등성을 당연한 것으로 여기면서 방문지 지역사회가 가난을 비롯한 저발전을 숙명처럼 받아들인다고 오해할 개연성이 커지게 된다. 대부분의 자원봉사자가 제1세계로부터 충원된다는 점에서 볼 때는 서구 문명 우월주의 내지는 그에 따른 방문지 지역사회에 대한 몰이해의 가능성이 작지 않다는 뜻이기도 하다.

그런데 이런 제1세계와 제3세계 사이의 불평등 관계가 신자유주의의 소산이라는 관점에서 보면 자원봉사관광이 지향하는 발전론의 실체가 신자유주의와 다름없다는 결론에 이르게 된다. 신자유주의는 시장경제의 논리에 근거해서 개인의 선택권과 자유의 극대화를 지향하는 특성을 지녔다. 이를 통해 경제 활동의 범지구화 및 자유시장경제체제의 전지구적인 확산을 겨냥한다. 지구공동체를 시장 논리의 관점에서 접근한다는 뜻이다. 급진적 시장주의의 한 양식이자, 실용주의적 접근의 결과이기도 하다. 이 경우 자원봉사를 통해 구현하고자 하는 방문지 지역사회 구성원의 역할모형은 자본과 기술력에 의해 작동하는 자유경제시장체제에 부합하려는 의욕과 능력을 갖춘 자와 다름없는 일이 된다.

따라서 자원봉사관광객의 방문지 지역사회에 대한 헌신도 결과적으로는 시장의 논리에 의존하는 기업가적 시민(entrepreneurial citizen)(Camica & Franklin, 2011)의 경쟁력을 제고하려는 것이 된다. 같은 관점에서 보면 자원봉사에 나서는 관광객도 자신의 성공률을 높이기 위해 자신에게 투자하는 것으로 이해된다. 자원봉사를 통해 경제적으로 유용한 현지 사정을 터득하거나 지구공동체 차원에서 경쟁력 있는 지식, 기술, 태도 등을 갖추어 기존의 사회체계가 필요로 하는 가치 기준이나 윤리적 척도에 부합하는 경력이나 경험을 쌓자는 것으로 해석된다. 나아가서는 자본주의와 기술에 의해서 운용되는 지구 차원의 자유시장질서에 성공적으로 적응하고 안착할 수 있는 교양과 능력을 개발하려는 것으로도 간주된다. 이는 자원봉사를 "도구적 관점(instrumental orientations)"에서 다루자는 것이며 "지구 차원의 경쟁력 중심(global competenecies approach)"으로 접근하는 것과 다름없다. 자원봉사를 개인이나 국가의 경제적 풍요를 이루기 위한 경쟁력 강화 수단의 하나로 인식한다는 점에서 "인간 자본 이론(human capital theory)"의 연장선상에 있다고도 말할 수 있다.

이는 자원봉사로 하여금 현존하는 사회의 구조적, 본질적 문제의 개선이 아니라 그런 구조 속에 배태되어 있는 "문제의 표피적 해결" 또는 조정에 기여함으로써 기성의 사회체제를 보다 잘 유지되도록 하는 결과를 낳는다. 이 경우 자원봉사는 암묵적으로 특정의 사회정치질서를 재생산하기 위한 투자이자 행동으로 평가된다. 따라서 사회체계의 시장 논리로 인해 공정성 메커니즘이 훼손되거나 도덕적, 사회적 현안의 본질적 개선을 위한 논의를 외면하고, 시장의 논리가 지배 이념화하는 문제를 불러오게 된다. 신자유주의는 국가를 기업 모형으로 바꾸는 것처럼 비경제적인 영역과 관행까지도 "경제화(eocnomisation)"하는 속성을 지녔다(Brown, 2015). 그 결과 민주주의의 기본 구성요소조차 해체하고 시민의 성격을 개조하는 성질을 동반한다. 모든 걸 시장과 시장의 행태로만 이해한다는 점에서 "인간 자본(human capital)"으로 묘사되는 바와 같이 인간을 경제동물(homo economicus)로 인식하는 셈이다. 이런 국제인간자본론의 시각은 인간을 수단화함으로써 개인의 자기 결정권을 위협하고 자기 개발 주도권을 외면하며 나아가 개인의 권리와 의무를 도외시하고 공공의 과제라고 할 수 있는 환경, 이타심, 정신적 가치 등을 백안시하는 결과를 낳는다. 공공 영역에서의 체제 작동 메커니즘의 붕괴를 유발하는 한 요인으로 작용하는 것이다(Hyslop-Margison & Sears, 2008: 303).

이는 경제영역에서 윤리적, 사회적 가치 의식을 제거하는 것이 되며, 사회운동 영역에서 공공성 공간을 위협하는 것이 된다. 사회운동이 비판적 사고력의 함양과 사회변화를 위한 적극적 참여를 촉진하는 대신에 기존의 사회질서에 적응하는 전략으로 전락할 위험성을 낳는다. 자원봉사가 개인과 사회의 발전을 위한 미래 투자의 한 양식이 되기 위해서는 경제적 가치 외에도 인도주의적, 영성적, 환경적 가치 등 다른 가치를 포괄하는 양식으로 개편되어야 할 것은 물론이다. 자원봉사가 기존의 시장주의체제를 유지 발양하기 위한 사회적 매개자나 프로파간다의 수단으로 오용되는 일은 이를 더 이상 방치해서는 안 되는 이유이다.

2. 인도주의적 접근시각(humanitarian perspective)

인도주의적 접근시각은 자원봉사관광이 범지구 차원에서 선을 구현하고자 하는 도덕적 자각의 한 양식이라고 보고자 한다. 박애주의, 인본주의, 사해동포주의같이 인간의 인권과 자긍심 구현에 목적 가치를 두는 규범적, 당위적 과제로 이해한다. 그러니까 모든 인간이 평등한 인격과 존엄성을 지니는 존재인 만큼 지구공동체에 있어 바람직한 바는 인종·민족·국적·체제·종교 등을 초월하여 차별 없는 우애를 실천하는 책무를 다해야 한다는 입장이다.

그러나 지구촌의 현실은 차별과 압제, 불평등과 인간적인 고통이 만연해 있는 만큼 이를 극복하기 위해서는 단순히 자원봉사를 통해 지구 시민으로 하여금 추상적, 당위적으로 인간애를 추구하는 것 이상으로 인간의 보편적 권리로서의 인권 의식과 도덕적 책무에 충실하고자 하는 보다 적극적인 대응을 필요로 한다. 인도주의적 관점의 배면에는 서구의 근대 식민주의를 정당화하는 논리가 숨겨져 있을 뿐만 아니라 오늘날의 서구중심주의를 재생산하려는 성향과 동기가 내포되어 있다. 북반부 친화적으로 북반부와 남반부 사이에 상존하는 불평등과 불균형 관계를 적극적으로 시정해야 마땅한 일이지만 이를 구현하기 위해서는 인도주의를 추구하는 것만으로는 충분하지가 않다. 인도주의가 인류애를 통해 고통받는 이들을 도와주고자 하는 것은 결과적으로 현존하는 고통의 원인 제거를 천연하거나 외면하게 되는 한 요인이 되고, 나아가 차이와 차별에 대한 무관심(indifference to difference)으로 이어지는 결과를 낳는다.

또한 인도주의는 서로 다른 사회적 위치에 있는 사람에 따라 서로 다른 의미로 쓰일 수 있다는 점에서 의미론상의 혼란을 야기할 수도 있다. 인도주의의 구체적인 표현체라고 할 수 있는 시민권은 그 행사의 실제에 있어 시민 각자의 정치적 의사결정에 대한 접근권의 정도, 공개적으로 표현하고 발언할 수 있는 공간에 대한 접근 가능성 정도에 따라 다르다. 이런 점에 주목하는 이들은 인도주의라는 개념 자체가 남반부에 대한 북반부 서구인의 인식을 지배적으로 나타내는 것이라고 본다. 일종의 가치 편향성을 동반한다는 뜻이다. 이럴 경우 사회문화적인 주변부 사람들로서는 이런 가치편향성으로부터 어떻게 불공정을 극복해 나갈 것인가의 문제에 유의하지 않을 수 없다. 이를 극복하기 위해서는 보다 정의롭고 민주적인 세상을 지향해 나가기 위한 비판적 성찰을 필요로 한다. 타자에 대한 간여의 폭을 대폭 확장하고 자신에 대한 비판적 검토를 통해 자기 내면의 목소리에 귀 기울일 수 있어야 한다. 현재와는 다른 미래를 예상하면서 자신의 의사결정과 행동에 대해 책임지고자 하는 마음의 자세를 갖출 수 있어야 한다. 단순히 인도주의적 관점을 지닌다는 것 이상의 것을 요구하는 일이다. 자원봉사보다는 훨씬 더 강화된 정치적, 윤리적 책임 의식과 실질적인 간여를 필요로 한다는 뜻이다.

더 나아가 인본주의가 시사하는바 시민의 윤리적 정체성이 중립적이고 어느 맥락에서도 전이 가능하다는 식의 인식은 서구적인 프레임을 시사하는 것에 지나지 않는다. 다양한 인식론적, 존재론적 전통을 내포하는 시민을 개념화할 수 있어야 하고, 서구사회 중심적인 인본주의를 비판하고 비서구적인 시민권 개념의 정립도 가능하다는 식의 인식론적 지평을 열 수 있어야 한다.

인도주의적 접근시각은 또 자원봉사관광을 미학적으로 다루는 경향성을 내포한다(Duffy & Moore, 2010). 이는 방문지 지역사회의 빈곤을 이국적이라거나 문화적 현상으로 인식하는 출발점이 될 뿐만 아니라 자원봉사 자체를 탈권력화 내지는 탈정치화하는 속성을 동반한다. 후기 정치론(post-politics)의 관점에서 접근하는 셈이다. 그 결과 권력을 탐하는 경쟁이 아니라, 개화된 전문가들 사이의 협력 또는 자유주의적 다문화주의자 사이의 이해관계 조율 내지는 보편적 합의의 도출을 위한 노력의 하나로 이해하려는 경향성을 내포한다. 따라서 제1세계와 제3세계 사이의 불평등 구조에 대한 문제의식 없이 이를 탈역사화함으로써 현상 유지 내지는 영속화에 기여하는 결과를 낳는다(Mostafanezhad, 2013).

Ⅲ. 자원봉사관광과 후기 포디즘

자원봉사관광을 기계론적 관점에서 접근하는 포디즘적 세계관이 관광객 내지는 관광 매개기관 중심의 일방주의 내지는 일원론적 질서를 강요하는 속성을 지녔다는 반성은 후기 포디즘적인 프레임을 통해 자원봉사관광을 관광 관련 이해관계자들 모두의 상호작용 내지는 형성론적 관점에서 접근할 것을 주문하는 결과를 낳았다. 탈엘리티즘, 비결정론, 액상 사회관계론 등을 토대로 하는 후기 포디즘의 관점에서 자원봉사관광을 이해하고자 하는 것으로는 비판론과 사회운동론을 들 수 있다.

1. 비판론적 접근시각(critical theory perspective)

비판론적 접근시각은 기본적으로 세상에 대한 비판적 간여를 전제한다. 우선 현재의 정치, 경제, 사회, 문화적 현상에는 구조적 문제가 있기 때문에 신제국주의가 등장하고, 대표성의 불균형이 차고 넘치며, 환경오염이 오랜 관행으로 수용되는 등 세상이 온통 부정의로 차 있다고 본다. 그렇기 때문에 자원봉사관광이 방문지 지역사회에 기여하고자 한다면 사회정의의 구현과 지구 차원의 불평등을 시정하는 데에 초점을 맞추어야 하며 민주적 평등과 권리 의식에 기반해서 접근해야 한다고 본다. 북반부와 남반부의 엘리트 사이에서 발생하는 불평등한 권력관계로 인해 사회구조적 비대칭성이 일상화하고 있는 만큼 단순히 빈곤의 퇴치나 발전의 부재 같은 표피적 현안이 문제가 아니라 불평등과 부정의 같은 보다 구조적인 문제를 근본적으로 시정하는 일에 초점을 맞추어야 한다는 것이다(Andreotti, 2006).

본래 자원봉사관광이 구현하고자 하는 규범적, 당위적 모형은 기본적으로 서구문화 중심적인 편향성에서 벗어나지 못하고 있을 뿐만 아니라 그렇기 때문에 방문지 지역사회의 빈곤이나 저발전의 근인에 대해 추궁하지 않는 한계를 지녔다. 현재의 지구 질서를 당연한 것으로 받아들이고 그런 지구 질서를 형성한 근인이 무엇인가에 대해서는 이를 묵과하는 오류를 내포한다(Cox, 1981: 129). 북반부와 남반부 사이의 권력 불균형을 불러온 근인을 추적하고자 하지 않기 때문에 결과적으로 기존의 불평등 구조를 확대 재생산하는 또 다른 요인으로 작용한다. 정통적인 발전이론의 가정적 전제가 잘못되었으며 인도주의나 미학적 접근도 유사한 한계에 빠져 있다. 그렇기 때문에 자원봉사관광 자체가 기성의 패권적 지배질서 의존적이다.

자원봉사관광에서 목격되는 자원봉사는 자원봉사자가 방문지 지역사회에 대한 자신의 사회적, 경제적, 역사적 우월적 지위를 확인하는 절차와 과정에 지나지 않는다. 신자유주의의 프레임 아래에서 정통 발전 메커니즘에 시동을 걸거나 복제할 것을 권유하는 자원봉사는 방문지 지역사회와의 관계에서 자원봉사자의 권력적 우위, 기술적 우월성, 경제적 풍요 등을 전제할 때에나 성립 가능해진다. 따라서 자원봉사 자체가 그런 차등적 관계를 시정하기는커녕 오히려 영속화하는 속성을 지녔다(McGehee & Andrereck, 2008: Sin, 2009). 자원봉사관광을 선전하는 미디어나 시장질서 등 모두가 자원봉사자 친화적인 권력관계를 반영하는 것과 다름없으며 이를 배타적으로 지배하는 부자, 백인, 유럽인의 우월적 지위를 암시한다. 이런 우월적 지위가 여러 세대에 걸쳐 반복되는 경우 이를 매우 당연시하는 결과를 낳게 된다.

더욱이 자원봉사관광의 진행 과정에서 자원봉사자들이 제공하는 정보나 서비스는 본래 불완전할 뿐만 아니라 자원봉사자 출신지로부터 주어진 맥락이나 문화, 경험 등에 따라 규정되는 성질을 지녔다. 그런 만큼 이런 구조적 모순과 왜곡을 개선하는 데에는 스스로 한계가 있을 수밖에 없다. 따라서 자원봉사관광이 방문지 지역사회에 기여하기 위해서는 어떤 선험적 발전 모형을 전제하고 그에 합당하다고 생각되는 것을 제공하려고 할 것이 아니라 방문지 지역사회의 구성원 개개인으로 하여금 지역, 국가, 지구 차원에서 자신에게 주어진 복잡한 구조를 이해하고 그에 따라 자신의 정체성, 지위, 가정적 전제 등을 분석할 수 있는 문해력을 개발하는 데에 초점을 맞추어야 한다(Andreotti, 2006). 진실이 객관적으로 존재하는지도 분명치 않을 뿐만 아니라 발전론이나 인도주의같이 현상유지적인 성질을 지니는 관점에서 정립되는 "진실"을 지역주민에게 전달하려고 할 것이 아니라 자신이 처한 상황과 자신과 타인 간의 존재론적, 인식론적 가정과 맥락에 대한 성찰이 가능하도록 기회 공간과 회고 능력을 개발해 주어 지역주민 스스로가 자신이 처한 환경에 대응해 나갈 수 있도록 유도하는 데에 초점을 맞추어야 한다. 자신이 처한 위치에 대한 성찰과 회고가 가능하고 나아가 미래의 사회정의를 창조하는 데 필요한 자신의 위치와 맥락에 대한 비판적 성찰력이 배양되어야 마땅하다는 뜻이다.

이렇게 놓고 보면 자원봉사관광이 자기 스스로가 지향하는 목적 가치가 무엇인지를 아는 일도 중요하지만 단순히 알고 있는 것만으로는 충분하지 않고 그런 목표에 대한 이해를 통해 행동에 나서는 일이 긴요하다. 이를 위해서는 지속적으로 반추하고 환류하는 노력을 필요로 한다. 맥락적 상황에 대한 자기 성찰력이 필요하다는 뜻이다. 그렇기 때문에 경우에 따라서는 아무런 행동도 취하지 않을 수도 있어야 한다. 오늘날의 문제는 지구공동체의 왜곡된 구조에 대해 수동적으로 대응하느냐의 여부가 아니라 "가성 능동성"에 있다고 보여지기 때문이다. 구조 개혁을 위해 아무것도 하지 않는다는 것을 감추기 위해 단지 보여주기식으로 자원봉사에 나서는 것이 보다 더 큰 문제이다. 사회체제의 기득권자들은 체제의 정당성 제고를 위해 지구 시민들이 조용히 있기보다는 자원봉사관광같이 궁극적인 구조 개혁에 나서지 않으면서도 마치 문제 해결을 위해 무엇인가 기여하려는 것과 같은 양식으로 참여에 나서는 것을 선호한다. 자신들의 패권적 지배력이 실질적으로 도전받지 않으면서도 무엇인가 현상 개선을 위한 노력이 진행되고 있다는 인상을 심어주기 위해서이다(Z'iz'ek, 2006: 334). 이는 이런 식의 외형상 능동적 대응이 자신들의 체제를 정당화하는 데에 도움이 된다고 보기 때문이다.

사회구조적인 불평등을 그냥 두고 현상적인 문제의 시정에 나서는 것과 같은 수동적 대응은 차라리 아무런 행동을 취하지 않는 것보다 더 위험하다. 따라서 자원봉사는 그가 얼마나 실질적으로 구조 개선에 기여하는가에 초점을 맞추어 평가되어야 한다. 단순히 지향하는 목적 가치가 사회경제적 발전 또는 인도주의에 놓여 있다는 언명만으로는 오히려 상황을 더 그르칠 수도 있다. 방문지 지역사회가 실질적인 변화를 모색하기 위해서는 지역주민들이 착취와 무력함에서 벗어나야 하고, 이를 위해서는 권력구조의 개편이 이루어져야 하며, 이는 또 그들 스스로가 자신의 위치를 성찰할 수 있어야 한다. 이를 위한 능력 배양에 나서는 것이 자원봉사관광의 핵심 과제가 되어야 한다.

그러나 자원봉사관광에 대한 비판론적 접근이 정치적 진공상태에서 이루어지는 것은 아니다. 이런 자원봉사관광에 대한 비판론적 접근시각은 비록 이를 도입하더라도 현실 세계가 이미 신자유주의와 지식경제론에 빠져 있는 만큼 그런 구조의 재생산 체계 아래에서 추진된다는 인식을 필요로 한다. 비판론적 접근시각 자체가 신자유주의의 관점이나 가치관을 벗어나기가 쉽지 않다는 문제에 봉착하는 것이다. 이른바 비판이론과 신자유주의 이론의 혼합론적 접근전략을 추구하지 않을 수 없는 환경 속에 있다. 이로 인해 부정의가 일시적인 오류가 아니라 본질적 속성에 속하는 체제 아래에서 자원봉사에 나서야 하는 문제에 봉착한다.

그렇기 때문에 인도주의의 구현이 자원봉사관광의 진짜 목표가 아니라 단지 시장주의에 보다 더 영합하기 위한 위장 수단에 불과하다는 평가를 낳는다. 신자유주의의 논리에 함몰되어 있는 상태에서 비판론적 접근시각의 도입이 이루어지는 경우 발생하는 문제이다. 이로 인해 방문지 지역사회의 구조 개혁을 지향하는 자원봉사관광이 방문지 지역주민 개개인의 대응능력을 충분히 만들어내지 못할 뿐만 아니라 거기에 더해 신자유주의의 특성을 배태하게까지 된다. 자원봉사관광이 봉사를 통해 변환하고자 하는 체제를 오히려 더 정당화하거나 확대 재생산하는 데에 기여하는 결과를 낳는다. 따라서 비판론적 접근시각을 주창하는 이들은 비판론적 접근시각에 보다 더 강조점을 두고 신자유주의적인 지향성에 대해서는 이를 보다 더 적극적으로 견제하는 전략을 모색해야 한다는 입장을 견지한다(Blum & Bourn, 2013).

그러기 위해서는 자원봉사관광의 진행 과정에서 발생하는 차별을 감추거나 불평등을 야기하고 착취를 지속하는 현상에 대해서는 이를 즉각적으로 포착하고 폭로할 수 있어야 한다. 자원봉사의 목표와 그 목표의 실천 사이에서 벌어지는 괴리를 파악하고, 자원봉사가 지향하는 이념적 패권에 대한 거부가 실제로는 그 이념의 구현으로 구체화할 수 있다는 점에 대해 경계할 수 있어야 하며, 밖으로 천명하는 자원봉사의 목표 자체가 아니라 거기에 숨겨진 의도와 운영 실제를 파악하고 폭로하는 것이 자원봉사관광의 핵심이자 필수적 과제 가운데 하나가 되어야 한다.

2. 사회운동론적 접근시각(social movement theory perspective)

비판이론과 사회운동론은 모두 현실 권력관계에 초점을 맞추어 사회문제를 인식하고자 한다는 점에서 같다. 그러나 비판이론이 현상의 배면에 놓여 있는 사회구조적인 요인을 포착함으로써 왜 지금과 같은 불평등 관계 내지는 열등적 지위에 서게 되었는지를 규명하려는 문제의식의 개발에 초점을 맞추고자 한다면, 사회운동론은 비판이론이 그런 불평등 구조에 대한 의식을 개발하는 데에는 유용할지 몰라도 그런 구조에서 빠져나오기 위한 실천적 대안의 모색에는 무력하다고 보고 어떻게 하면 현재의 모순적 구조 내지는 불평등 관계에서 헤쳐나올 수 있을 것인지를 고민하는 가운데 그런 구조 변화를 위해 행동에 나서는 문제를 다루고자 한다. 전자가 억압에 대한 인지력 강화에 초점을 맞추는 것이라고 한다면 후자는 그런 인지력을 토대로 억압을 극복하고 인간해방에 이르는 실천적 좌표 설정의 과제를 다룬다는 점에서 구분된다. 전자가 어떤 사회의 모순적인 구조를 파헤치고자 하는 것이라고 한다면 후자는 그런 모순적 구조를 극복하고자 행동에 나서고자 한다는 점에서 다르다.

그리고 그런 모순 극복을 위한 행동의 한 양식을 자원봉사라고 한다면 자원봉사는 사회운동의 한 양식이기도 한 것이다. 그런데 사회운동에 나서기 위해서는 우선 이를 개인 차원에서 볼 때 사회심리적 차원의 자의식이 개발되고(Gamson, 1992), 자존감이 높으며, 효능감이 강화되어 있어야 한다(Kelly & Breinlinger, 1996). 사회갈등의 현장에 대한 인지력이 개발되어 있어야 할 것도 물론이다. 현상 유지가 아니라 사회변화를 추구하기 위해서는 사회참여에 따르는 장애물 돌파에 대한 자신감이 전제되어 있어야 하기 때문이다. 그런 점에서 사회 현안에 대한 태도와 사회운동을 이어주는 연결핀 내지는 매개장치가 자존감이라고 보고자 한다. 반면에 일단 참여하면 참여에 따른 자존감이 신장하면서 자기 효능감(self efficacy)을 개발하는 변화를 낳기도 한다. 자기 효능감은 이렇듯 사회운동 참여의 전제 조건이자 결과물이기도 한 양가적인 성격을 지녔다.

그런데 사회의식은 어떤 집단 상황에 대한 매우 개인적인 체험을 통해 성장한다. 어떤 집단 내부에서의 행동을 통해 개발되기도 하지만 집단 외부와의 대화와 상호작용을 통해 개발되기도 한다. 자원봉사관광도 같은 양식으로 참여자의 사회의식을 개발하고 나아가 사회변화에 대한 욕구를 유발하게 된다. 자원봉사를 통해 사회적 불평등, 환경 현안, 정치적 과제 등에 대한 이해의 정도를 높이고 사회문제의식이 성장하며 나아가 왜곡된 사회구조의 시정을 위한 행동에 나서게 된다. 관광 참여 경험의 탈상품화가 진행되는 것이다. 그러니까 사회운동으로서의 자원봉사에 나서는 것은 사회의식의 개발을 경험하고 정치적 관점과 동기를 유발하며 궁극적으로는 사회변화를 유도하는 것으로 이해된다.

자원동원 네트워크의 차원에서 보면 사회적 모순이나 갈등을 조정하기 위해 마련된 일상적, 제도적 장치가 정치과정이라고 한다면 사회운동은 그런 제도화된 참여의 통로 밖에서 이루어진다는 점에서 제도화된 참여의 통로에서 소외되거나 스스로를 배제한 이들에 의해서 이루어지는 참여의 한 양식인 셈이다(McCarthy & Zald, 1973). 이렇듯 공식적인 갈등 조정 메커니즘에서 벗어나 사회운동이 사회문제 해결의 한 통로로 등장하기 시작한 것은 1950년대와 1960년대에 미국 사회를 풍미한 시민권 운동이 대표적인 사례이다. 이후 1970년대와 1980년대에 유럽을 휩쓸었던 반핵 평화운동 그리고 1990년대와 2000년대에 목격하는 범지구적인 인종차별금지 운동 등이 대종을 이룬다.

따라서 사회운동론의 접근시각은 자원봉사관광을 방문지 지역사회의 구조적 모순이나 거기에 이르기까지의 과정이 배태하고 있는 모순을 극복하기 위한 실천적 대안의 하나로 인식한다. 그런 점에서 통상 사회구조적 모순의 조정장치로 인식되는 제도권 정치과정의 외부에서 작동하는 사회변동의 추진자로 다루어지는 셈이다. 따라서 자원봉사는 권력적 약자에게 권력을 제공함으로써 사회구조 변화의 역군으로 활동하도록 지원하자는 것과 다름없는 일이기도 하다(McGehee, 2012: 82). 이 경우 자원봉사관광 매개기관이 그 자체로서 사회운동조직인 것은 아니지만 그

곳을 통해 사회운동에 이르는 통로를 제공하는 것임에는 틀림이 없다. 자원동원론의 관점에서 보면 자원봉사관광의 매개기관은 관련자들 사이의 네트워크를 개척하고 이를 통해 자원동원력을 확장하며 이는 결국 사회변화에 기여하는 결과로 이어진다.

그런데 후기 포디즘은 포디즘을 단절적으로 대체하는 것이 아니라 후자의 속성이 유지되는 가운데 점진적, 부분적으로 교체되는 성질을 지녔다. 따라서 현실 세계에서는 발전론적 접근시각, 인도주의적 접근시각, 비판론적 접근시각, 사회운동론적 접근시각이 모두 어우러져 서로에게 영향을 주고받는 가운데 주어진 시·공간적 특성에 반응하면서 구체화되는 성질을 지녔다. 따라서 자원봉사관광의 기능적 실체를 파악하기 위해서는 그가 최종적으로 자원봉사를 통해 어떤 영향을 미쳤는가에 주목해 보지 않을 수 없게 된다.

IV. 자원봉사관광의 성과 평가

자원봉사관광의 운영 결과 실제로 어떤 영향을 미치느냐에 대해서는 대체로 의도했던 성과를 달성했느냐를 기준으로 긍정적인 평가와 부정적인 평가로 구분해 볼 수 있다. 이때 의도했던 성과가 누구를 위한 것이냐의 관점에서는 다시 이기주의와 이타주의로 구분된다. 이타주의가 주로 자원봉사관광의 구성요소 가운데 자원봉사에 주목하면서 방문지 지역사회에 미치는 영향을 중심으로 정립되는 것이라면, 이기주의는 대체로 관광에 초점을 맞추어 관광객과 관광의 매개기관을 중심으로 형성되는 영향요인에 해당된다. 이렇듯 자원봉사관광의 성과평가는 자원봉사관광에 대한 참여의 동기를 기준으로 이타주의와 이기주의 그리고 참여의 결과를 중심으로는 긍정적 성과와 부정적 성과로 구분해 볼 수 있다. 따라서 이 두 개의 축을 교차하는 경우 <표 3-1>에서 보는 바와 같은 성과 유형을 도출해 낼 수 있게 된다.

<표 3-1> 자원봉사관광의 성과 유형

참여 동기 / 참여 결과	이타주의	이기주의
긍정적	I	II
부정적	III	IV

위의 <표 3-1>에서 제 I 유형은 자원봉사관광을 이타주의의 관점에서 긍정적으로 평가하는 경우에 해당된다. 탈상품화 이론(decommodification theory)(Wearing & McDonald, 2002)은 자원봉사관광을 경제적 이해관계를 초월해서 좋은 일을 하거나(Tailon & Jamal, 2008), 사회구조 변화에 헌신하고(McaGehee & Clemmons, 2008) 기본적으로 박애주의와 자선의 의도(charitable)를 지닌 여행으로 이해한다. 이런 평가는 자원봉사관광이 타인 돕기(Carter, 2008)라거나 사회적 열등세력을 지원하기 위한 것(Stoddart & Rogerson, 2004)이라는 데에서도 드러난다. 자원봉사관광에 대한 발전론적 접근시각이 자원봉사관광을 개발협력의 한 양식이나 청년 파견 사업으로 이해하거나 인도주의적 접근시각이 어려운 이들을 도와서 사회적 가치를 환원하는 기회로 인식하는 데에서도 확인된다. 사회운동론적 접근시각이 사회구조적 모순을 시정하기 위한 적극적 대응 행동이라고 규정하는 데에서도 발견된다. 긍정적 사회문화 변화의 촉매자(Palacios, 2010)라는 것이다.

정부기관, 학교, 종교 집단, 교회, 기업, NGO 같은 자원봉사관광의 매개기관을 관광의 탈상품화를 지향하는 "제3의 공간(third space)"(Wearing & Wearing, 2006)으로 규정하거나 매개 활동 자체가 시민운동의 한 양식으로서 네트워크의 강화를 통해 운동의 역량을 강화하려는 것이라거나 또는 사회변화의 촉진자(catalyst of social change)라고 보는 데에서도 확인할 수 있다.

제 II 유형은 자원봉사관광을 이기주의의 관점에서 이해하고 접근하는 경우이다. 자원봉사관광은 자원봉사 같은 사회적 헌신을 표방하는 가운데 조직되지만 그 운영 실제에 있어서는 관광에 참여하는 이의 사적이고 개인적인 동기에 의해서 추동된다는 것이다. 따라서 자원봉사관광 참여자의 방문지 지역사회에 대한 여행을 통해 모험심을 충족하거나(Wearing, 2001) 휴가를 즐기고 그 과정을 통해 인간적인 네트워크를 구축하고자 한다. 이런 맥락에서 방문지 지역사회의 토착 문화나 음식 같은 것을 깊이 있게 흠향하거나(McGehee & Clemmons) 또는 타문화와의 교류와 접촉의 기회를 얻고자 한다(Stoddart & Rogerson, 2004)는 데에서도 확인된다. 다른 장소, 문화, 사고방식과의 교류를 통해 자신으로부터 해방되고 나아가 다른 사회문화에 침윤하여(McaGehee & Clemmons, 2008) 보다 넓은 세계에 대한 인식의 지경을 넓히고자 하기도 한다. 다른 나라로 여행하여(Stoddart & Rogerson, 2004), 지구촌에 대한 이해력을 높이고 지구시민의식을 개발하려는 것(Sherraden & Benitez, 2003)도 같다. 새로운 세계를 경험하자는 것(Carter, 2008)이다. 이런 여행의 연장선상에서 학교로부터 휴가를 얻어 사람을 만나고 즐겁게 놀며 새로운 것을 경험하고자 하기도 한다(Carter, 2008). 나아가서는 그런 여행을 통해 새로운 친구를 만나거나, 가족 간의 우의를 다지고(Conran, 2011), 동지애를 모색하는 등(Brown, 2005) 네트워크의 확장을 통한 사회적 관계의 고도화를 모색한다.

보다 더 구체적으로는 자원봉사관광에의 참여를 통해 개인의 인격과 인성을 개발하고자 한다. 자원봉사 활동을 통해 자신의 자신감, 성숙성, 효능감, 자존감, 자의식, 독립성 등을 제고하며(Wilson, 2000), 학습효과를 유발하여 전문성을 높이고 개인의 인격을 성장시키고자 한다(Wearing, 2001). 자신으로부터의 해방을 유도하고, 긍정적으로 사회변화에 기여할 수 있다는 자부심을 키워 자기 성찰에 이르고자 하는 것도 같다(McaGehee & Clemmons, 2008). 자기 자신의 변혁을 불러올 경험을 축적하고(Hudson & Inkson, 2006), 인종주의나 편견을 극복할 수 있는 관용성을 개발하고자 한다(Pitner, 2007). 이런 자기 성찰력의 개발은 높은 자신감을 배양하고, 직업 현장에서 다양성의 수용력을 강화하며, 현실 경험의 폭을 확장하는 결과로 나타난다(Cook & Jackson, 2006). 직업을 찾는데 유용할 기술을 습득하거나 이력서에 올리는 경력을 추가하자는 것이기도 하다(Stoddart & Rogerson, 2004). 사실조사에 의하면 젊을수록 이런 이기주의적 동기에 의해 참여하는 경향이 큰 것으로 보고되어 있다.

제 III 유형은 자원봉사관광이 이타적인 목표를 지향하지만 현실 세계에서는 오히려 그에 반하는 부정적 효과를 낳는다는 견해이다. 예컨대 단기 선교여행은 그 내용에 있어 자원봉사관광과 다를 것이 없다. 그러나 생각과는 달리 방문지 지역사회의 역량 강화에 기여하지 않는 것은 물론이고 생활환경 개선에도 크게 도움이 되지 않는다(Ronan, 2014). 방문지 지역사회와 문화적 경계를 초월해서 건강한 관계를 정립하거나, 생활 수준을 개선하고, 빈곤을 추방하여, 지역주민의 삶을 개선하고자 하지만 그런 결과를 낳기는 그리 쉽지 않다. 오히려 대외 의존성이나 자생력 상실 같은 피해를 끼치는 "치명적 자선(toxic charity)"(Sheldon & Daniele, 2017: 241)이 이루어질 위험성이 크다. 방문지 지역사회의 저발전 원인을 규명하는 것이 아니라 단순히 외형적 결과에만 주목하는 자원봉사관광이 스스로의 한계를 노정하게 되는 것(Tefler & Sharpley, 2008)이다.

자원봉사관광에 대한 비판론적 접근시각은 방문지 지역사회 내부 또는 방문지 지역사회와 관광객의 출발지 지역사회 간에 불평등이 존재한다는 사실을 인지하는 것이 그런 불평등 구조를 시정하는 첫발인 만큼 그런 불평등을 초래하게 된 원인을 학습하는 것이 선결과제임에도 불구하고 그런 학습의 기회가 없다는 점에 주목한다. 오히려 그런 불평등 구조 속에서 본질 문제를 다루지 않고 외형상의 문제를 해결하거나 완화하는 데에 기여하는 경우 이는 결과적으로 신자유주의에 기초한 신제국주의의 영향력 침투를 도와주고 나아가 그에 대한 반감을 무마하는 촉매제 역할을 수행한다는 것이다(McGehee, 2012).

무엇보다도 자원봉사관광은 그의 목적 가치 구현에 실효적이지 않다는 비판을 받는다. 방문지 지역사회에 미치는 실질적인 영향이 매우 미미하거나 거의 없다는 것이다. 방문지 지역사회 구성원들이 자원봉사관광객의 진의를 의심하고 의구심에 찬 눈으로 바라보기 쉽다는 견해이다. 자원봉사에 나섰다고 하지만 그냥 일회적이고 의례적인 것일 뿐 이번 방문이 지나면 다시 돌아오지 않을 것이며 그렇기 때문에 지속가능하지 않다고 판단한다는 것이다. 그런 만큼 방문지 지역사회 주민과 자원봉사자 사이에 끈끈한 유대감이 형성되지는 않는다. 결코 가족관계 같은 친밀성이 구현되지 않는다는 것이다. 더 나아가 자원봉사관광의 참여자들이 제공하는 서비스나 조언은 기본적으로 서구 편향적이며 서구사회 중심적인 기댓값을 반영하는 것이어서 서구사회 편향적인 자원봉사자 자신을 위한 것일 뿐이라는 평가도 받는다(Birrell, 2010.11.14.).

이는 자원봉사자들이 방문지 지역사회에 대한 이해가 부족할 뿐만 아니라 회복하기 어려운 선입견에 빠져 있다는 의미와 다름없다. 이들은 방문지 지역사회가 빈곤을 숙명으로 받아들이고 이를 개선하려는 문제의식이 없다고 생각하기 일쑤이며 일종의 운명론에 휩싸여 있다고 생각하는 오류를 범하는 것이 보통이다. 따라서 자원봉사가 실제로는 방문지 지역주민의 욕구를 외면하고 자원봉사의 내용이 불완전하거나 불량하고 그 결과 외려 방문지 지역사회에 부담을 지우는 결과가 되고 만다. 그렇지 않을 경우 방문지 지역사회의 자원봉사자 파견 국가에 대한 대외 의존성을 심화시키는 결과로 나타나게 된다. 자원봉사는 봉사자 자신의 정체성을 확인하거나 자기 성찰에 이르도록 하는 계기를 마련해주는 것이 거의 유일한 성과라는 평가를 받는다(Wearing, 2001).

자원봉사가 방문지 지역사회에 기여하는 경우에도 자원봉사가 지역주민의 노동을 대행하는 결과가 되면서 지역주민의 고용기회를 박탈하는 효과를 낳고 나아가 노동시장을 교란할 위험성도 있다. 이렇듯 지역주민을 타자화하는 시각도 문제이다(McGehee, 2012; Guttentag, 2009). 자원봉사의 유용성이 담보되는 경우에도 방문지 지역사회의 내재적 역량을 강화하는 것이 아니기 때문에 의도하지 않게 방문지 지역사회의 외부 의존성을 심화시키는 문제를 낳는다. 가만히 있어도 자원봉사자들이 사회간접시설을 지속적으로 공급해 줄 것이라는 기대를 배양하게 되는 것이다. 이럴 경우 방문지 지역주민의 자존심을 손상하는 것은 물론이고 자율적인 관광 발전을 저해하는 결과를 낳을 위험성이 커진다(Guttentag, 2009). 이는 대개의 자원봉사관광이 출범 초기에는 탈상품화를 표방하다가도 시간이 지나면서 상업주의로 전환하는 경향이 있다는 점에서 비롯되는 문제이기도 하다(Coren & Gray, 2012).

제 IV 유형은 자원봉사관광이 이기적인 목표를 지향하지만 현실 세계에서는 그마저 부정적 효과를 낳는 경우이다. 가장 대표적으로는 자원봉사관광이 아무리 화려한 수식어를 동원한다고 하더라도 그 실제에 있어 부잣집 자식들의 선한 행위 놀음에 지나지 않는다는 평가이다. 탈상품화를 주창하지만 그 운영 실제에 있어서는 틈새 상품을 통해 상품성을 배가하려는 것에 지나지 않는다는 평가이다. 매우 자본주의적인 접근전략과 다름없다는 뜻이다. 특히 관광의 매개기관이 NGO 같은 공익지향 기구가 아니라 이윤추구기관일 경우에는 결과적으로 대중관광과 다를 것이 없게 되면서 자원봉사자들이 사적으로 추구하는 개인적 목표의 달성도 지난하게 된다.

이렇듯 자원봉사관광은 매우 복합적인 동기에 의해 유발되고 있으며 그렇기 때문에 다목적적이다. 참여의 동기가 이타주의에서 이기주의로 이동할수록 진지한 참여자(deep), 중간 성격의 참여자(intermediate), 얄팍한 참여자(shallow)로 구분해 볼 수 있게 되는 이유이다(Callanan & Thomas, 2005). 이들 사이에 실로 무수한 양식의 목푯값 배합이 가능할 것은 물론이다. 관광을 매개하는 기관도 사익 지향성 내지는 상업성과 공익 지향성 내지는 탈상업성이라는 양극단 사이에서 무수히 다양한 양식의 가치 배합을 경험하게 된다(Guttenberg, 2009; Simpson, 2004). 이런 자원봉사관광의 정체성을 결정하는 요인으로는 체류 기간, 목적지의 특성, 참여의 능동성과 수동성, 참여자의 자격, 지역사회에 대한 헌신성 정도, 경험 체득의 목표 등이 흔히 거론된다. 그러나 보다 본질적인 문제는 자원봉사관광의 핵심적인 활동자라고 할 수 있는 관광객, 관광의 매개기관, 방문지 지역사회가 어떻게 하면 상호 협의하는 가운데 관광의 정체성을 확립해 나갈 것인가에 있다.

V. 자원봉사관광의 협력적 거버넌스

자원봉사관광에 참여하는 자원봉사자가 방문지 지역사회의 현안을 다루는 데 있어 총합적이고 전체적인 기획하에 접근하기는 쉽지 않다. 그럴 수 있을 만큼 자원봉사 활동에의 참여가 전인적이고 지속적이며 총체적인 기획하에 이루어지는 것이 아니기 때문이다. 따라서 방문지 지역사회의 어느 한 부분이나 개별적인 정책과제에 기여한다고 하더라도 결과적으로는 전체로서의 문제해결에 이르는 부분 요소로서의 가치가 작지 않을 것이라는 실로 검증되지 않은 가정적 전제 아래 활동하는 것이 보통이다. 그러나 이런 접근시각은 부분 구성요소 사이의 상호의존성 정도가 상대적으로 낮을 때에나 적실성을 갖는다. 사회관계의 빈도나 밀도가 높아 부분 구성요소 간의 상호의존성 정도가 높을 경우, 다양한 사회정책 과제가 서로 얽혀 있게 마련이며, 그렇기 때문에 이들 모두를 관통하는 총합적 접근시각(holistic approach)이 아니고서는 문제해결에 이르는 과정에 기여하기가 쉽지 않다(Kettl, 1996). 고식적인 분업의 원리는 다양한 정책 분야를 관통하는 사회문제 해결에 부적합할 수밖에 없기 때문이다.

오늘날의 사회관계는 그 밀도가 높아지면서 구조의 복잡성으로 인해 인과관계의 추적이 지난할 뿐만 아니라, 그로부터 벗어나 있는 사회관계 외부의 자원봉사자가 어찌 어찌하여 문제해결의 대안을 개발한다고 하더라도 이를 들고 다시 방문지 지역사회의 사회관계에 개입하여 문제해결에 나서고자 할 때, 일종의 '간섭효과'가 발생하면서 문제의 성질 자체를 변화시키게 된다(Kooiman, 1994: 46-47). 따라서 자원봉사자가 제3의 평정자 내지는 문제해결자로서 방문지 지역사회 현안 해결에 권위적인 판단력을 지니는 제3의 존재 또는 가부장적 중재자라는 인식은 호소력을 유지하기가 어렵다.

따라서 자원봉사자는 자신이 방문지 지역사회 현안의 유일한 해결자라는 인식을 가져서는 곤란하며 그동안 문제해결의 객체로 여겨지던 방문지 지역사회 내부로부터 필요정보가 수집되고 문제해결의 주도권이 행사되도록 조장하고 지원하는 일에서 자신의 기능적 좌표를 찾아야 한다. 문제의 발원지야말로 가장 정교하고 풍부한 정보자원의 생산지이고 또 그렇기 때문에 문제해결의 출발점이기도 할 것이기 때문이다. 그러나 그렇다고 해서 자원봉사자의 기여 공간이 전혀 없다는 의미는 물론 아니다. 자원봉사자는 여전히 다양한 대안 가운데 하나로 자신의 의견을 제시하고 필요한 정보자원을 공유하며 자신이 감당하고 소화해야 할 책무와 과제를 지닌다. 다만 그 과정에서 자신의 역할수행 양식을 수정할 필요성이 제기되는 것은 어쩔 수 없는 일이다.

또한 자원봉사자가 방문지 지역사회 현안의 유일한 해결자라거나 대안 제시자처럼 인식해서는 안 된다는 생각 속에는, 자원봉사자의 출발지 사회와 방문지 사회의 사회구조적인 차별성이나 차등성에 대한 이해가 선행되어 있어야 한다는 인식이 내포되어 있다. 마치 두 사회를 관통하는 범용대안(one-size-fits-all)이 있어 이를 제시하면 일거에 모든 사회정책과제를 해결할 수 있을 것이라는 생각은 이를 접어야 한다. 그렇다고 해서 방문지 지역사회의 특정성이나 개별성만을 강조하는 경우에는 인류 보편의 가치나 초국적인 지구공동체 공통의 과제에 대한 수용성을 부정하는 결과가 된다. 따라서 자원봉사자의 의견과 방문지 지역사회의 다원적 요구를 절충, 조절할 필요성이 제기된다.

문화상대주의의 관점에서 볼 때 자원봉사자가 자신의 출발지 사회에서 축적한 경험을 토대로 도출하는 사회문제 해결 대안이 언제나 옳거나 유일한 해답일 수는 없다. 오히려 방문지 지역사회 고유의 자기 문제 해결 대안이 따로 있을 수 있을 뿐만 아니라 자원봉사라는 형식의 방문지 지역사회와의 접촉을 통해 출발지 지역사회가 미처 발견하지 못했거나 깨닫지 못한 사회문제 해결의 대안이나 인식의 프레임 개발도 가능한 일이다. 자원봉사를 출발지 사회의 사회문제해결 양식을 상대적으로 우월하다고 인식하거나 일방적인 전수의 과정으로 인식해서는 곤란하다는 뜻이다. 양자 사이의 상호주의 내지는 쌍방향적인 교류를 전제로 전개되는 역동적 의사소통이 전제되어야 하는 이유이다.

이런 현실 인식과 문제의식은 자원봉사자와 방문지 지역사회 간의 협력적 공조체제를 통한 지역 현안 해결 양식을 주문하게 된다. 기존의 발전이론이 자원봉사자를 방문지 지역사회 문제해결의 주도자로 그리고 방문지 지역사회를 자원봉사자가 감당해야 할 현안 해결의 객체 내지는 비용으로 인식하던 때와는 사뭇 달리 오히려 방문지 지역사회를 일종의 자원 내지는 동반자로 다루는 시각상의 교정을 구하자는 것이다. 이렇게 고전적인 양식의 개발협력이나 국제레짐과 달리 국가 간의 경계를 넘어 자원봉사자와 방문지 지역사회 사이의 대화와 협력을 통해 공조체제 내지는 동반자 관계를 구축하고 이를 통해 지역 현안 해결에 나서고자 한다는 점에서 일종의 지구 거버넌스의 한 양식을 지향하자는 것이라고도 말할 수 있다.

이때의 자원봉사관광은 따라서 방문지 지역사회가 방문지 지역사회의 현안 해결을 위한 협력관계의 동반자로서 지역 현안 해결에 필요한 지적 능력, 경쟁력, 다양한 형태의 자원, 책임감 따위를 지원하거나 공급할 수 있다는 점을 전제로 구성된다. 당연히 자원봉사자와 방문지 지역사회 간의 경계가 모호해지면서 이들 간의 융합과 통섭이 지역 현안 해결에 있어 매우 중요한 요소라는 점을 가정하는 것이기도 하다. 강제력이나 사회적인 권위에 기초하는 방문지 지역사회와 자유의지를 매개로 하는 자원봉사자 간의 경계가 무너진다는 것은 사적 영역의 본래적인 성격이 변화를 맞게 된다는 의미이기도 하고 공적 영역이 과거와는 달리 유사 시장적 내지는 유사 시민사회적 성격을 지니게 된다는 의미이기도 하다.

이에 따라 자원봉사는 이제 더 이상 상명하달식의 일방적이고 일원적인 헌신을 의미하지 않게 되며, 방문지 지역사회로부터의 다양한 동기유발이나 가치 유인 요소도 함께 중시하게 된다. 무엇보다 중요한 것은 자원봉사가 더 이상 일방적으로 서비스를 제공하거나 주의주창하거나 시정조치하는 것이 아니라, 협력적 거버넌스 과정에 참여하는 다양한 활동자들이 자율조정능력을 발휘하도록 지원하거나 조장하는 간접 활동에 초점을 맞춰야 한다는 점이다.

오히려 자원봉사관광의 참여자가 방문지 지역사회와 구축하는 협력적 거버넌스의 중요한 한 축을 구성한다는 사실은 그의 기능적 실체에 대한 조명을 통해 보다 더 분명히 드러난다. 자원봉사관광에 참여하는 이들은 먼저 방문지 지역사회의 정책결정 과정에 대한 자발적 참여를 통해 의사결정의 질적 수준을 높이고 그 결과 지역사회 공동체의 생산성과 민주성을 높이는 데에 기여한다. 이는 NGO의 주의주창 기능(advocacy role)과 연동된다. 시민사회의 일원으로서 방문지 지역사회의 정책과정에 자신의 의견을 투입함으로써 대의 과정의 무력화나 왜곡에 따른 민주성 훼손을 보완하자는 것이다. 방문지 지역사회가 시민사회의 요구나 선호에 적합하지 않은 정책을 생산할 경우, 아무리 그 과정상의 생산성이 높다고 하더라도 결과적으로는 정책의 적실성, 수용성, 경제성이 저하되는 결과를 가져오고 이는 사회공동체 구성원 모두의 손실로 나타나는 만큼 이를 극복하는 데 기여하고자 하는 것이다.

다른 하나는 방문지 지역사회의 공공재 생산과 전달 과정에서 이를 자원봉사가 대행하는 경우이다. 시민사회의 서비스 전달 기능(service delivery role)을 전제한 것이다. 방문지 지역사회와 자원봉사를 기능적으로 구분하고 양자 간의 보완적 관계를 통해 지역사회 운영상의 효율성을 높여보자는 것이다. 따라서 이를 신서비스 전달체계(new service delivery system)라고도 부른다. 이런 자원봉사자와 방문지 지역사회 간의 협업체제로는 방문지 지역사회가 기획하고 자원봉사자가 집행하거나, 방문지 지역사회가 재정자원을 부담하는 대신 자원봉사자가 운영하고, 방문지 지역사회가 자체 사업을 자원봉사자나 단체가 대집행하도록 하는 경우 등 실로 다양한 양식을 생각해 볼 수 있다. 이를 방문지 지역사회가 미처 주목하지 못한 분야에 대해 자원봉사자가 자발적으로 간여함으로써 문제해결에 나서고자 하는 것이라는 점에서 보면, 방문지 지역사회의 자치능력을 신장하려는 노력으로도 해석된다.

VI. 결론

자원봉사관광이 효율적으로 자기 목적을 수행하기 위해서는 모순적이고 갈등적인 과제를 극복해야 하는 요구에 직면한다. 우선 자원봉사관광은 대안관광 일반이 그런 것처럼 탈상품화를 지향하고 보다 더 공익 지향성을 강조하고자 하지만 그렇다고 해서 존재구속적으로 관광의 상품화 성격을 완전히 벗어날 수는 없다. 이는 자원봉사관광이 순수 자원봉사와 다른 점이며 대안관광이 대중관광의 성격을 완전히 초극하지는 못했음을 뜻하는 것이기도 하다. 이로 인해 자원봉사관광의 참여자는 현실적으로 여행에 나설 수 있는 가처분 소득과 시간적인 여유가 있는 사회적 우등 집단에 한정되는 결과를 낳는다. 그러나 자원봉사관광이 헌신의 대상으로 삼는 방문지 지역사회는 자원봉사의 대상이 될 수밖에 없을 만큼 지배, 억압되어 있는 사회적 열등 집단과 다름없다. 이는 자원봉사관광의 참여자들이 억압의 해소에 나서고자 한다고 하지만 정작 자기 자신이 그런 억압의 발신지에 소속되어 억압의 질서와 가치관을 승계하고 있음을 뜻한다. 억압과 피억압의 권력관계를 형성한다는 의미이다(McGehee, 2011: 94). 지구촌의 불평등 구조를 완화하거나 해소하는 데에 헌신하고자 한다지만 결과적으로는 인간의 해방이 아니라 구조적 불평등을 영속화하는 체제가 유지되도록 하는 일에 기여함으로써 불평등 재생산 인자로 활동하게 되는 모순을 낳는다(Raymond, 2008).

이런 자원봉사관광이 관광 참여자 중심주의에서 벗어나기 위해 박애주의 정신을 강조하지만(Wearing et al, 2005) 참여자 대부분이 사회경제적 여유가 있는 서유럽 사람들이고 박애주의 가치관 자체가 서구문화의 소산이라는 점에서 스스로 자기 한계에 빠진다. 자원봉사관광의 참여자는 또 인간적인 결속과 연대를 상실한 서구사회의 물질문명과 거기에 기초한 생산과 소비의 굴레에서 벗어나 소외와 억압으로 점철된 삶의 중화제, 청량제 내지는 정화제를 찾아 일상으로부터의 탈출을 시도하는 것이라고 말할 수 있다. 이는 자원봉사관광이 방문지 지역사회의 해방과 구원을 말하지만 자원봉사관광의 참여자 자신을 해방하고 구원하는 일이 선결과제 가운데 하나라는 점에서 자기모순적 요소를 배태한다.

자원봉사가 신서비스 전달자로서 갖는 장점 가운데 하나가 무보수성 내지는 재정적 반대급부에 대한 기댓값이 없다는 점이지만, 현장에서의 교통편이나 식사비 같은 실비지원이 이루어질 경우 그런 신서비스 전달자로서의 역할을 지속적으로 유지해 나가는 데 훨씬 더 유리할 것은 명약관화한 일이다. 그러나 그렇다고 해서 자원봉사가 헌신이나 공헌 같은 이타심을 본질적인 출발점으로 삼지 않고 다양한 유형의 이기심 내지는 반대급부에 기초한다고 하면 그런 자원봉사란 과연 시장의 거래나 정치적 흥정과 얼마나 다르냐의 문제에 봉착하게 된다.

또한 자원봉사가 감성적 접근에 유리한 특성을 지닌 것이 사실이기는 하지만 그렇다고 해서 합리적이고 이성적인 판단을 외면해도 좋다는 것은 아니다. 이럴 경우 양자 간의 관계를 어떻게 조절해야 하는지가 자원봉사자에게 주어지는 난제 가운데 하나이다. 이는 또한 자원봉사의 동기를 개인에 대한 헌신에서 찾아야 할 것인지 아니면 공동체 전체의 유익 증대에서 찾아야 할 것인지를 묻게 되는 것이기도 하다. 부분과 전체와의 관계에서 봉사나 참여의 기본 단위를 개인으로 삼아야 하는 것인지 아니면 조직이나 기관과 같은 집단으로 삼아야 하는 것인지도 자원봉사자에게는 매우 불명한 과제이다. 조직화는 당연히 관리의 필요성과 수요를 낳고, 관리되는 자원봉사는 봉사 과정의 효율성이나 경제성에 주목하기 마련이다. 이럴 경우 과연 자원봉사의 핵심이라고 할 수 있는 독립성과 자발성의 원리가 침해받지 않고 지켜질 수 있는지가 문제로 제기될 것도 물론이다.

자원봉사는 얼핏 보아 헌신성과 경제성의 경계를 줄타기하면서 양자 모두를 지향하는 것처럼 보이는 것이 사실이다. 그러나 그 운영 실제에 있어 양자 간의 충돌은 불가피한 일일 수밖에 없다. 이런 충돌을 순화하기 위한 수단으로 흔히 자원봉사관광의 참여자에 대한 교육과 훈련을 말하지만, 이런 교육과 훈련이 자원봉사를 외적 동기부여를 통해 유인하거나 순치하려는 요소를 동반한다는 점에서는 자원봉사의 순수성 내지는 자기 주창성과 충돌할 가능성에 대한 우려를 내포하는 것이 사실이다.

이런 모순적 질서를 극복하기 위해서는 자원봉사관광의 이해당사자들 사이에서 협력적 자원봉사 거버넌스를 구축하는 일이 관건이지만 그런 거버넌스의 운영이 오히려 모순적인 과제를 불러오기도 한다. 우선 자원봉사 거버넌스는 자원봉사의 조직화와 제도화를 통해 자원봉사의 지속성과 계속성을 유지하려는 경향성을 동반하게 된다. 이럴 경우 자원봉사의 본래적 속성인 자발성이나 독립성 내지는 자아실현성을 잃기 쉽다.

자원봉사의 본래적인 성격을 감안해 볼 때 자원봉사관광의 참여자가 자원봉사하는 과정에서 공익성 내지는 공공성을 지향하게 되는 것은 불가피한 일이다. 그러나 그것이 언제나 이타성과 공존하는 것은 아니며 자아실현성 내지는 무형의 반대급부 내지는 자기만족과 충돌할 개연성도 상당하다. 협력적 거버넌스 과정에서 자원봉사자가 지향하는 공익성 내지는 공공성은 이기심 내지는 자기 이익 실현을 위해 활동하는 실로 다양한 행위 주체 간의 갈등과 대립 또는 조정과 타협을 통해 잠정적 합의에 도달한 결과물이라는 성질을 지녔기 때문이다. 자아실현이 전제하는 개인 수준의 만족감, 전문성의 증대, 새로운 기술이나 경험의 획득 등도 꼭 사람과의 관계나 협력적 거버넌스 과정에서 선순환의 관계만을 구성하는 것은 아니다. 협력적 거버넌스하에서는 다양한 행위의 주체자들이 함께 활동하기 때문에 때로는 자원봉사자가 의도한 대로 전개되지 않거나 심지어 정반대의 결과를 가져올 수도 있는 법이다.

무엇보다도 자원봉사는 그의 본래적인 특성상 협력적 거버넌스에의 참여 과정에서 어떤 확고한 목푯값이나 가치관을 가지고 그의 관철을 위해 전력투구하자는 것이 아니다. 자원봉사는 거대 담론보다는 개인 수준의 행복과 만족을 위해 보다 여유로운 접근전략을 택하는 성질을 지녔기 때문이다. 순수하고 자발적인 참여란 이렇게 매우 유연하고 또 상황순응적이라는 의미를 내포한다. 그런 만큼 자원봉사를 통해 방문지 지역사회의 요구를 수렴하고 구조적 모순을 시정하는 일에 나서기에는 처음부터 한계가 있을 수밖에 없다. 이렇듯 자원봉사가 협력적 거버넌스의 유용한 한 축이 되기 위해서는 실로 다양한 차원에서의 자기모순과 갈등을 초월하기 위한 노력이 전제되어야 한다. 이는 앞으로 성취해 나가야 마땅한 과제가 아닐 수 없다.

제3장

시민외교로서의 대안관광

I. 서론

한국처럼 주변의 강대국 정부가 설정하는 국제관계의 프레임에 갇혀 있거나 지정학적 조건이 선험적으로 주어져 있어 주변국 변수를 숙명처럼 받아들여야 하는 경우, 정부 간 관계의 조정만으로 주변국과의 관계를 관리하는 데에는 스스로 한계가 있을 수밖에 없다. 이런 때 문제의 성격을 보다 더 다원화하고 보다 더 다양한 프레임을 통해 접근할 경우 문제 해결을 위한 운신의 폭이 훨씬 더 넓어질 것은 당연한 이치이다.

이런 다원적 접근전략의 유용성은 후기 근대의 도래 이후 정부의 실패가 일상화하면서 보다 더 호소력을 갖게 되었다. 정통외교 자체가 국가 간의 관계가 실패했을 때 그의 수요가 발생하는 것이기도 하지만, 정보사회의 도래 이후 사회관계의 유동성에 대응해야 하는 정부가 기계적인 경직성을 벗어나지 못하면서 정부의 실패는 이제 일상화, 일반화, 보편화하게 되었다. 그런데 정통외교는 그의 주체가 정부인만큼 정통외교의 실패도 일상화, 일반화, 보편화하지 않을 수 없다. 후기 근대에서는 외교에서의 정부 실패에 대한 대안을 모색하는 일이 최우선적인 과제 가운데 하나로 제기된다.

여기에 더해 지구화 시대의 도래는 시민사회가 주도하는 외교에 대한 수요를 급속히 확장하고 있다. 오늘날의 지구촌에서는 기후 변화, 환경 파괴, 어류의 남획, 유소년 착취, 테러의 발생, 감염병의 발생처럼 개별 국가의 경계를 넘어 지구촌 전체 차원에서 대응하지 않고서는 효율적으로 해결하기 어려운 과제들이 확산되고 있다. 이런 과제들은 자국 이기주의에 함몰되기 마련인 개별 민족국가의 정통외교만으로는 해결하기가 쉽지 않다. 국가 간의 경계를 초월해서 벌어지는 과제는 지구촌 전체를 하나의 이익공동체로 인식하는 인본주의적인 관점, 사해동포주의적인 가치관 아래에서 접근할 때 문제 해결의 단초가 보다 더 쉽게 열리기 마련이다. 국가 간의 경계를 넘어 활동하는 NGO의 대외활동에 주목하게 되는 이유이다.

이렇듯 정부와 정부 간에 이루어지는 정통외교만으로는 오늘날의 국제사회가 당면하는 다원적인 외교 현안에 대해 효과적으로 대응하기가 쉽지 않다. 이런 사정은 정통외교의 대척점에 서서 시민이 주체와 객체가 되는 시민외교에 주목하게 되는 핵심적인 요인이 되어 있다. 이런 관점의 연장선상에서 볼 때 NGO가 시민외교를 자신의 주요 현안 과제 가운데 하나로 인식하고 대응해 나가는 일은 이제 지구시민사회가 당면한 최우선적인 현안 가운데 하나이다. 더욱이 범세계적으로 네트워크를 갖추거나 기관 존립의 목표 자체를 평화와 생명 같은 인본주의적인 가치의 구현에 두는 NGO의 경우에는 이런 사회적인 책무에 대한 대응 수요가 보다 더 크고 또 절박할 수밖에 없다.

역사적으로 보더라도 NGO는 지구촌 시민외교의 전면에 서서 정통외교의 한계를 보충하는 일을 선도적으로 수행해 왔다. 미국 YMCA는 제1차 세계대전의 전개 과정에서 그리고 전쟁이 끝난 후 정부 간 대화의 통로가 단절된 상태에서 독일과 영국을 상대로 전쟁 포로의 석방과 교환의 문제를 인류애 구현의 차원에서 접근하고 또 직접 교섭에 나서 성사시킨 바 있다. 이는 국제적 네트워크를 지닌 NGO가 정통외교가 무력화된 상태에서도 인본주의적 가치를 구현하기 위해서라면 제2의 의사소통 통로를 개척해야 한다고 믿고 그런 믿음을 실행에 옮겨 이루어낸 성과였다(Steuer, 2009).

이렇듯 정통외교에 대한 보완재로서 NGO를 중심으로 전개되는 시민외교의 역할과 비중은 정보사회와 지구화 시대의 도래 이후 보다 더 급진적으로 증가하는 추세에 있다. 이는 과거 그 어느 때보다도 사회 전 영역에 걸쳐 시민과 시민 사이에서 이루어지는 접촉과 교류가 빈번해지고 있으며 또 보다 더 광범위한 지리적 공간에서 진행되고 있기 때문이다. 이런 신유목민 시대(new nomad era)의 도래를 알리는 대표적인 현상 가운데 하나가 바로 해외관광의 일상화이다[1]. 관광은 이제 지구촌 전역에

1) 자크 아탈리(2005)는 긴 정착민 시대가 지나면 다시 유목민 시대가 도래한다고 보면서 부유한 사람은 즐기기 위해 여행할 것이고 가난한 사람은 살아남기 위해 이동해야 하므로 결국은 누구나 유목민이 될 수밖에 없을 것이라고 했다. 이로 인해 신유목민(new nomad)은 단순히 자유로운 생활을 즐기는 인간 유형을 의미하는 데에서 더 나아가 공간의 자유로운 이동뿐만 아니라, 한 사회나 한 시대의 지배적인 가치 체계를 벗어나 새로운 의미를 생성하고 유동하는 정신적인 유목을 포괄하는 개념으로 제시되었다.

걸쳐 시민과 시민이 접속하고 교류하는 일상적 소통의 창구이자 상호작용의 도구로 자리매김하게 되었다. "여행의 민주화"가 불러온 결과이다. 따라서 관광을 적절히 기획하고 잘 발전시킬 경우 인종, 종교, 문화, 정치경제적인 발전의 격차 등으로 인해 생기는 지구촌 구성원들 사이의 심리적, 문화적 거리감을 극복하는 데에 기여하고 평화적 공존의 길을 열게 될 것은 물론이다(D'Amore, 1988: 270). 그런 만큼 관광을 시민외교의 한 양식(Carbone, 2017)으로 이해하거나 시민외교를 관광의 한 유형으로 다루려는 시도(Kalecin'ska & Kowlewski, 2016)가 확산될 것은 당연한 이치이다.

II. 정통외교의 퇴조와 시민외교

정부의 고유 관할 영역으로 간주되어 온 국제관계상의 교섭이나 이해관계 조정에 시민이 나서야 하는 이유 가운데 하나는 우선 최근에 들어서면서 국가 간의 교류 총량 자체가 급증하고 있기 때문이다. 정부가 주도하는 정통외교만으로 소화하기에는 국제관계의 빈도와 밀도가 폭증하고 있다. 국가 간의 조정과 교섭에 대한 수요가 정부의 기관 능력을 크게 상회한다.

여기에는 양차 세계대전을 겪으면서 독립 국가의 수가 급증한 데에 우선적인 원인이 있다. 제1차 세계대전이 종식되면서 독일 제국, 오토만 제국, 오스트리아·헝가리 제국 등 기존의 국제질서를 좌우하던 패권적 국제 레짐이 해체되고, 그 결과 많은 수의 신생 독립 국가들이 생겨났다. 특히 제2차 세계대전이 끝나면서 이런 현상은 보다 더 두드러지게 나타났다. 여기에 더해 1980년대에 들어서면서 소련연방이 해체되자 그의 여러 위성 국가들이 정치적 독립을 쟁취하게 되었다. 이로 인해 1919년 국제연맹 출범 당시 가맹국 수가 불과 42개국에 지나지 않았던 것이 오늘날에는 유엔 회원국 수만 따져도 2020년 현재 무려 193개국에 이른다. 그만큼 국가 간의 관계가 다원화하고 그 결과 상호작용의 총량이 급진적으로 늘어나게 되었다. 자연히 국가 간 외교의 수요도 커질 것은 당연한 이치이다.

여기에 더해 사회주의 국가권이 붕괴되고 동서냉전이 종식되자, 그동안 이념적 대결로 인해 자제하거나 억제되었던 단일 국가 내부의 인종적, 종교적, 문화적 대립과 갈등이 분출하기 시작했다. 웨스트팔리아 조약 이후 국제관계의 최소 기본 단위로 인식되어 온 민족국가(nation state)가 실제로는 단일 민족이 아니라 여러 유형의 인종적, 종교적, 문화적, 언어적 요소들이 혼재된 상태에서 구성되고 운영되었다는 사실이 속속 드러나고 있다. 영국의 스코틀랜드, 스페인의 바스크와 카탈루냐, 스리랑카의 다밀족 등이 펼치는 독립운동이나 아랍의 수니파 이슬람교도, 사이프러스의 기독교 신자, 북아일랜드의 가톨릭 공동체 등이 고수하려는 종교적 분리주의가 내전의 불화로처럼 여겨지는 이유이다. 이런 한 나라 내부의 갈등은 다른 나라의 인종, 언어, 종교 같은 사회 구성요소와 연동하면서 국가 간의 분쟁으로 비화할 개연성이 높다, 이런 국제분쟁의 인구사회학적 요인은 국가 간의 갈등을 단순히 정부 간의 문제가 아니라 시민사회 차원의 과제로 인식하고 접근할 것을 요구하는 특성도 지녔다.

그뿐만이 아니다. 정보사회와 지구화 시대가 도래하면서 국가 간의 관계는 물론이고 개인 간의 관계에 있어서도 교류와 상호작용의 용이성,

신속성, 광역성, 경제성이 급진적으로 개선되고 있다. 비행기 제작기술의 급속한 발전으로 인해 사람과 물자의 이동이 비약적으로 증가하는 변화도 낳았다. 중진국 경제의 발전이 지구 시민의 물질적 역동성을 높였다면 사회주의 국가권의 붕괴는 정치적 자유의 처분권 경계를 크게 확장시켰다. 범지구적인 교류와 상호작용이 폭발적으로 증대하게 될 것은 당연한 귀결이다. 이제 국제관계는 소수의 권력 엘리트들 사이에서나 벌어지는 예외적 현상이 아니라 보통 사람들 사이의 일상 속에 자리 잡는 보편적 삶의 일부가 되었다. 시민사회 중심의 외교활동에 대한 수요가 커지는 이유이다.

이런 시민외교에 대한 수요는 정통외교의 한계에 대한 반성에서 비롯되는 것이기도 하다. 정부 간에 이루어지는 정통외교는 기본적으로 관료제에 의존하는 만큼 공식절차, 법규중심주의, 문서중심주의 등으로 인해 비탄력적이고, 상명하복의 질서에 순치되어 있으며, 시간이 지체되거나, 위험을 무릅쓰는 적극성을 결여하고, 형식주의에 빠지기 쉽다. 이런 문제를 극복하기 위한 대안을 모색한다는 것이 오히려 정부 간에 발생하는 공적 과제를 개인 간의 사적 관계에 의존해 풀려고 한다거나 그로 인해 공적 과제의 사유화나 비밀주의에 빠지는 문제를 낳기도 한다.

이런 외교 전문가 중심의 폐쇄적인 엘리트 외교 양식은 기본적으로 보통사람들에게는 외교의 전개 과정에 대한 참여의 기회를 제공하지 않는다는 점에서 민주주의의 철학적 원리인 주권재민의 정신에 위배될 뿐만 아니라 책임의 소재를 밝히기가 어렵게 되는 한 원인으로도 작용한다. 무엇보다 중요한 것은 그렇기 때문에 대외정책에 대한 국민의 지지와 수용을 담보하기가 쉽지 않다는 점이다. 한국의 경우 2017년에 있었던 사드 도입과정이 이를 잘 웅변해준다. 이런 이유로 인해 외교에 있어 전문가의 판단과 보통 사람들의 여망이나 선호를 융합하고자 하는 수요가 국가와 시민사회 사이의 협업체계 내지는 협력적 공조체제의 구축에 대한 주문으로 구체화 되고 있다. 시민외교를 포함하는 공공외교와 정통외교 간의 통합외교(integrative diplomacy)가 세계적인 경향성 가운데 하나로 자리 잡게 되는 이유이다(김태환, 2018: 2).

여기에 더해 정보사회의 유동성은 관리기술 차원이나 운영 실제에 있어 더 이상 외교상의 비밀주의를 유지하기 어렵게 만들고 있다. 보다 더 중요한 것은 역동적으로 변화하는 국제관계를 경직된 양식의 국가 중심의 정통외교를 통해 대응해 나가기가 쉽지 않자 정통외교에 대한 사회적인 불신이 확산되기에 이르렀다는 점이다. 반면에 정보의 유동성 강화로 인해 일반 시민의 대외관계에 대한 정보 수집이나 이해력의 정도는 급진적으로 신장하게 되었다. 보통 사람의 국제관계에 대한 이해력, 전문성 등이 정부의 전문 외교관에 비해 손색이 없을 정도로 커지면서 외교에 대한 정부 독점주의는 이를 더 이상 유지하기가 어렵게 되었다. 이는 보통 사람들의 정치적 효능감이 높아지면서 자기중심주의 내지는 자존감의 정도가 급진적으로 신장하게 되었음을 뜻하는 것이기도 하다.

이런 현상은 사실 외교 분야에만 한정된 것은 아니다. 국가와 시민사회 사이에서 국가 중심으로 기울었던 권력관계가 시민사회 친화적으로 재조정되는 변화를 보이자 이런 변화된 권력관계를 국가 간의 교섭이나 대외정책 수립 과정에도 반영해야 한다는 생각을 갖게 되었을 것은 당연한 이치이다. 외교의 상대국 내부에서도 정부로부터 시민사회 친화적인 양식으로 권력관계의 이동이 발생한다면 이를 반영해서 단지 상대국 정부만을 대상으로 삼을 것이 아니라 그 나라 국민을 상대로 하는 외교 활동을 강화해야 한다는 요구가 커질 것은 정한 이치이다.

특히 미국과 같이 정치과정의 다원주의와 이익집단 정치가 활성화되어있는 나라에서는 대외정책 수립 과정에 대한 일반 시민의 참여와 압력의 동원이 일상화되어 있고, 그의 비중이 큰 만큼 미국의 시민사회를 상대로 펼치는 홍보활동을 통해 우호적인 정책 환경을 조성하는 일은 매우 효용성이 큰 외교전략 가운데 하나로 간주된다. 이는 실제 제4차 걸프전쟁 당시 이라크의 침공으로 국권을 탈취당한 쿠웨이트 왕실의 망명정부가 미국으로 하여금 쿠웨이트로부터 이라크가 철수하도록 압박을 가하는 대외정책에 나서도록 미국의 행정부를 유도하기 위해 미국의 유수 로비회사를 고용해서 대국민 홍보전에 나선 사례에서 확연히 드러난다(Gilboa, 2008: 57).

이런 사회 환경의 변화로 인해 오늘날에는 국제관계에서 호소력 있는 영향력을 발휘하는 수단이 과거처럼 강성권력(hard power)이 아니라 연성권력(soft power)이라는 점도 시민외교의 중요성에 눈뜨게 하는 또 다른 차원의 요인 가운데 하나이다(Nye, 2004). 물리적 강제력이나 경제적 응징 같은 강성권력은 신전쟁(new war) 시대에 들어서면서 무력하게 되었다. IS 사태나 유럽에서 빈발하고 있는 도시 테러에서 보듯 사실상 전쟁의 시작도 끝도 없으며 전선의 앞뒤도 없고 피아의 구분도 분명치 않은 경우, 일원적 적용력을 갖기 마련인 물리적 강제력을 동원하는 일은 이제 그 실효성이 작을 수밖에 없다. 미국이 강성권력이 부족해서 9·11 테러의 표적이 된 것은 아니다. 경제적 응징의 경우도 상황은 유사하다. 미국이 아무리 경제적 봉쇄정책의 수준을 상향 조정한다고 하더라도 그것만으로 북한의 군사적 굴복을 유인하기는 쉽지 않다. 오히려 매력국가로 인식되면서 상대국 국민의 감성을 장악한다면 종교적 신념에 따른 자살폭탄의 표적이 되는 일을 피할 개연성이 훨씬 더 커진다. 연성권력의 현실적 호소력이 훨씬 더 큰 시대에 접어들었고 그런 만큼 시민을 상대로 하는 정서적 접근의 중요성도 순증하게 되었다.

Ⅲ. 시민외교의 특성과 외교 거버넌스

시민이 주체와 객체가 되는 외교의 한 양식을 시민외교라고 한다면 시민외교는 단순히 정통외교의 보완적 장치가 등장했음을 알리는 것 이상의 의미를 함축한다. 외교의 전개 과정에서 비정부 활동자가 담당하는 역할 공간이 확장되면서 외교의 성격 자체가 변하고 있다. 단순히 외교 활동의 주체가 다변화하게 되었다는 사실보다는 훨씬 더 중요한 것으로써 국가 간의 의사소통 양식이 다원화하고 있다. 보다 직접적이고 즉응적인 것으로부터 피알(PR), 미디어 프레이밍(media framing), 국가 브랜드(national brand)의 관리, 피드백(feedback), 자기 성찰같이 보다 간접적이고 중장기적인 효과를 관리하는 일까지를 포괄하는 개념으로 외교의 성격 자체가 바뀌고 있다(Gilboa, 2008: 57).

시민외교의 등장은 또 공급자 중심의 외교로부터 수용자 중심의 외교로 외교의 근본 성격이 바뀌기 시작했음을 알리는 신호이기도 하다. 그렇기 때문에 교섭의 상대방이 이쪽을 어떻게 인식하느냐에 따라 외교의 성패가 좌우된다고 보려는 것이기도 하다. 이로 인해 외교 대상 국가의 시민이 지니는 인식의 프레임이나 정서를 어떻게 하면 자국 친화적으로 조장, 유도, 장악할 것인가가 외교의 성패를 결정짓는 관건이라는 인식을 갖게 되었다. 이는 또 정통외교가 전문 외교관이 상대 국가의 외교 현안을 어떻게 관찰하고 이해하며 판단하느냐에 따라 좌우되는 성질의 것이라고 한다면, 시민외교는 상대 국가 시민의 입장에 서서 그들이 자기 국가나 양국 간의 현안을 어떻게 인식하느냐에 초점을 맞추어 외교 과제를 이해하고 대응하고자 한다는 점에서 후기 근대의 인식론적 프레임 위에 구축되는 것이기도 하다.

시민외교는 외교 현안을 소여의 것 또는 선험적으로 주어진 어떤 것을 제3자의 입장에서 관조하고(gazing) 그 결과를 합리적, 이성적 판단에 따라 체계적으로 정리해 나는 것으로 이해하지 않는다. 외교 현안의 현장 속에서 상대국 시민과 자국의 시민이 상호작용하는 가운데 외교의 수요가 빚어지고 또 그에 대한 대응 방안도 모색된다는 관점에 서 있다, 그렇기 때문에 간주관주의적이고 상호주의적이며 소통론적이고 형성론적이라는 특성을 지녔다. 외교를 어떤 선험적 프레임에 따라 기계적으로 대응하려는 것이 아니라 현장의 수요에 따라 임기응변적으로 또는 상황조응적으로 유동해 나가는 성질의 것으로 이해하려는 것이다.

이런 시민외교에 내포되어 있는 상호주의적인 정신에 주목해 보면 시민외교는 이를 수용자 중심의 외교라고도 말할 수 있다. 정통외교가 주로 공급자 중심의 관점에서 외교 현안을 파악하고 대응하고자 하는 것이라고 한다면 시민외교는 상대 국가의 시민이 매력적이라고 생각하는 것이 무엇인가를 생각해서 그것을 공급하고자 하기 때문이다. 그런 점에서 일종의 맞춤형 외교를 지향한다는 뜻이기도 하다. 그렇기 때문에 외교의 p to c(소비자 맞춤형) 현상이라고도 말할 수 있다. 상대국 국민이 주문하거나 기대하는 바를 관련 정보나 경험의 양식으로 생산하고 또 공급하고자 하는 것이기 때문이다.

이를 다른 측면에서 보면, 상대국 시민사회의 문화적 특성이나 역사적 전통을 감안해서 그 나라의 사회적인 수요에 맞게 대응하자는 것으로 이해된다. 상대국 시민의 정서적 특성에 주목하고자 한다는 점에서는 과학이나 합리주의가 아니라 감성이나 정서 또는 윤리나 도덕의 관점을 우선해서 이해하고 또 접근하려는 것이기도 하다. 그런 점에서는 외교가 공급자 사회의 이익을 증대하기 위한 것이 아니라 양국이 모두 공감하는 인류 공통의 가치를 추구하거나 공유하려는 것이고 그렇기 때문에 자국 중심의 이해관계가 아니라 오히려 상대국의 이익을 도모하려는 것이라는 메시지를 전달하려는 것이라고도 말할 수 있다. 그런 점에서 오늘날의 시민외교를 가치외교라고도 말한다.

최근에는 단순히 자신의 정체성을 투사해서 그에 대한 감성적 공감을 끌어내고 그것을 통해 연성권력을 확대하려는 수준을 넘어서 보다 원대한 윤리나 도덕률 나아가서는 어떤 가치 프레임을 창도하거나 주창함으로써 일종의 가치동맹을 형성하려는 경향까지 나타나 있다. 이는 결국 외교에 대한 접근시각상의 변화가 매우 급진적으로 이루어지고 있다는 의미로 해석된다. 정통외교가 주로 기관 중심의 관점에서 외교 현상을 이해하고자 한다면, 시민외교는 행태론적 관점에서 외교 현상을 파악하고자 한 결과이다. 외교의 주체가 누가 되었건 행태의 차원에서 볼 때 다른 나라에 영향을 미쳐 갈등이나 이해관계를 조절하고 평화로운 공존을 지향하고자 하는 것이라고 한다면 이를 외교의 범주로 다루어 문제 될 것이 없다는 생각이다(Kelley, 2010: 286).

이렇듯 시민외교의 등장은 외교의 타당성이나 적실성 정도를 높이기 위한 것이라면 굳이 정통외교에 한정해야 할 이유가 없다는 인식상의 대전환이 이루어지고 있다는 의미이며 국제관계에서 정부와 시민사회가 협력적 공조체제를 구축하는 일이 당위적 과제로 부상하게 되었음을 뜻한다. 이런 점에서 시민외교는 정통외교의 주역인 전문 외교관이 지니는 전문가적인 판단과 보통 사람들의 일반적 선호나 일반의지를 혼합하자는 것이고, 그런 점에서 균형외교를 지향하는 것이며, 정부의 의견을 상의하달식으로 수렴하는 가운데 보통 사람들의 의견을 하의상달식으로 반영하고자 한다는 점에서는 융합외교를 말하는 것이기도 하다. 외교과정에서의 공식성과 비공식성, 기관과 개인, 장기적 시관과 단기적 시관을 융합하는 가운데 외교의 품질과 적실성을 제고하고, 기성의 관행적인 외교 양식에 배태되어 있는 선입견을 제거하려는 전략적 대응의 한 양식으로도 이해된다.

이런 시민외교의 구체적인 전개 양식에 대해서는 일반 시민이 어떤 나라의 대외관계에 미치는 영향이 직접적이냐 또는 간접적이냐에 따라 2개의 유형으로 구분해 볼 수 있다. 직접적인 영향을 미치는 것으로는 일반시민이 나서서 정부 간의 정통외교가 교착 상태에 빠지는 경우 그에 대해 대안적인 통로를 제공하거나 갈등을 중재하는 대리인으로 활동하고 정부의 대표단 일부를 구성하거나 특정 부문의 이해관계를 대변하며 나아가 로비스트로 특정 대외정책을 주창하는 가운데 기존의 정부와는 다른 이미지를 전달하는 등 실로 다양한 차원의 활동을 수행한다. 간접적으로는 어떤 외교상의 특정 목적을 가지고 의도적으로 접근하는 것이 아니라 상호 접촉과 교류를 통해 상대방에 대한 이해력이나 정보의 공유 정도를 높여 결과적으로 서로에게 미치는 영향력의 범위를 확장하는 경우에 해당된다. 어느 경우든 시민외교는 국제관계를 다루는 데에 있어 어느 누구로부터도 통제되지 않는 가운데 오로지 시민 개개인의 자기 확신과 선택에 따라 자기 재원을 동원해서 독립적으로 활동한다는 데에 특징이 있다.

데이비드슨과 몬트빌(Davidson & Montville, 1981)은 이런 외교 양식을 정통외교인 트랙 원 외교(Track I Diplomacy)와 구별하여 트랙 투 외교(Track II Diplomacy)로 분류했다. 정통외교와는 차원을 달리하는 외교라는 뜻이다. 그러나 그렇다고 해서 트랙 투가 트랙 원을 대체하거나 서로 긴장 관계를 구성한다고는 보지 않는다. 오히려 상호 보완적, 지지적 관계에 있다고 보았다. 이런 트랙 투 외교는 엘리트 중심의 폐쇄적인 외교로부터 개방적 양식을 취하는 외교로 외교의 본질적 성격을 전환하려는 의도가 담겨 있다는 점에서 윌슨이 말하는 공개외교(open diplomacy)[2]로의 전환을 뜻하는 것으로도 평가된다.

정통외교가 정부와 정부 간의 공식적 접촉과 교류를 뜻하는 것이라고 한다면, 시민외교는 시민과 시민 사이 나아가서는 정부와 시민 사이에서 이루어지는 갈등과 이해관계의 조정 내지는 그의 기초가 되는 홍보 및 우호적인 이미지 창출 작업을 총괄하여 말한다. 연성권력의 창출 작업인 셈이다. 따라서 넓은 의미의 시민외교에는 정부와 상대국 시민 사이에서 이루어지는 공공외교(public diplomacy), 시민과 시민 사이에서 이뤄지는 좁은 의미의 시민외교(citizen diplomacy), 정부와 시민 사이의 협업을 뜻하는 트랙 III(track III diplomacy) 내지는 트랙 1.5 외교(Track 1.5 diplomacy), 미디어를 매개로 이뤄지는 미디어외교(media diplomacy), 문화의 소개를 통한 홍보활동에 주력하는 문화외교(culture diplomacy) 등이 모두 포괄된다.

---

2) 윌슨의 공개외교(open diplomacy)에 대해서는 Thomas(2014)를 참조하기 바란다.

IV. 시민외교 촉진자로서의 대안관광

이렇듯 시민외교는 기본적으로 연성권력의 포괄적 증대를 통해 자기 나라의 이미지를 제고하거나 소통하고 이해력을 증진함으로써 국가 간의 갈등 해소 나아가서는 평화적 공존에 기여하고자 한다. 그런데 대안관광은 여행을 통해 방문지 지역사회의 문화, 가치, 역사, 사회구조, 생활양식 등에 대한 상호 이해의 정도를 높일 뿐만 아니라 그로 인해 문화적 다양성에 대한 수용 능력이나 관용성 정도를 높이고자 한다. 원래 관광이 이문화 간의 상호작용과 이해의 정도를 높이는 속성을 지녔다는 주장은 대중관광의 등장 초기부터 제기되었다(Carbone, 2017: 62). 그러나 대안관광은 단순히 부수적 성과로써 국가 간 또는 이문화 간의 대화와 이해의 정도를 높이려는 것이 아니라 그것 자체를 구체적인 목푯값 가운데 하나로 삼는다는 데에 특징이 있다. 바로 이 점에서 기성의 대중관광과 근본적인 성격을 달리한다. 따라서 대안관광이 성공적으로 전개되는 경우 방문지 지역사회에 대한 여행자의 이해력을 증진하고 방문지 지역주민의 여행객에 대한 인식을 개선함으로써 시민외교의 토대를 구축하는 효과를 낳게 된다. 시민외교와 대안관광은 연성권력의 창출을 매개로 상호작용적 관계를 구축한다는 점에서 같다. 이를 다른 측면에서 보면 양자가 모두 "접촉 가설(contact hypothesis)" 위에서 활동하는 것이기도 하다. 접촉 가설은 원래 범죄학이나 갈등 연구 분야에서 개발된 것으로서 사람들 사이의 적대감은 격리에서 비롯되는 친숙성 결여에 그 유발 요인이 있다고 본다. 그렇기 때문에 서로 만나 공동의 경험을 쌓을 경우 선입견을 제거하고 적대감을 낮추게 된다는 것이다(Suntikul, 2017: 3). 시민외교와 대안관광은 모두 실로 다양한 차원에서 서로 다른 나라 내지는 지역사회 주민 사이의 접촉과 의사소통을 촉진함으로써 그들 사이의 연성 권력을 창출하는 데에 기여하고자 한다는 점에서 같다.

그리고 그 연성권력을 추동하는 직접적 요인이 무엇이냐의 관점에서 살펴보면 문화, 평화, 이타주의. 감성과 심미, NGO 등이 양자를 이어주는 매개변수로 작용한다는 사실을 알 수 있다. 이들 매개변수는 대안관광을 구성하는 핵심적 요인일 뿐만 아니라 시민외교의 수단적 방편이기도 한 양가적인 성격을 지녔다. 대안관광을 시민외교의 한 양식으로 인식하게 되는 이유이다. 관광외교(tourism diplomacy)의 개념이 등장하는 분석적 배경이기도 하다.

그런데 이런 시민외교와 대안관광의 관계에 대해서는 그동안 긍정론과 부정론이 양립해 왔다. 긍정론은 대안관광이 방문지 지역사회에 대한 정보와 지식의 공유를 통해 이해력을 증진하거나 정치사회적인 안정에 기여하며 경제발전을 유인함으로써 결과적으로 여행자가 속한 나라에 대한 방문지 지역주민의 긍정적인 인식과 평가를 끌어내고 그 결과 시민외교의 활성화에 기여한다는 것이다. 그 역순의 관계도 같다. 관광을 국가와 국가, 정부와 시민사회, 시민과 시민 사이의 관계 개선에 기여하는 정통외교의 보완 장치로 이해하고자 한 것이다(Kelly, 2010).

그런데 이렇게 대안관광이 시민외교에게 미치는 긍정적 영향을 그의 추동 요인을 중심으로 살펴보면 대체로 직접적 효과와 간접적 효과로 구분해 볼 수 있다. 직접적 효과는 대안관광을 통해 일반 시민이 직접적인 영향력을 행사하거나 조정, 중재, 협상, 조기 경보, 신속 대응 등에 나서고, 그 결과 국가 간의 갈등이나 이해관계 충돌이 해소되거나 경감되는 경우를 말한다. 일반 시민이 전문 외교관과 유사한 역할을 수행하는 경우이다. 사회운동으로서의 대안관광이 국가 간 갈등의 현장에 뛰어들어 갈등의 당사자 사이를 직접 조정하거나 지역사회 기반 관광이 지역주민들의 참여를 통해 지역사회 공동체 내부의 대화와 협력을 촉진하는 가운데 물리적 충돌이나 폭력적 갈등을 순화하는 사례 등에서 찾아볼 수 있다. 특히 국경지대를 여행하는 경우 국경을 넘어 인종적, 종교적, 문화적, 지역적 갈등이나 차이를 횡단하는 관광 프로그램을 개발하고 운영하는 과정에서 관광 관련 이해당사자들 사이의 협력과 대화를 촉진하게 되고 그 결과 관련 지역주민 간의 갈등과 긴장을 완화하게 되는 경우도 여기에 해당된다. 관광을 위해 도로, 항만, 비행장, 통신시설 같은 사회기반시설을 건설하거나, 폐수나 오물을 처리하는 장치를 도입하고 식수를 개발하는 등 사회적인 편익을 증대하는 일은 자연환경의 파괴를 불러오는 한 요인으로 작용하기도 하지만 다른 한편에서는 문명의 공유를 통해 범지구적인 협력체제로의 편입을 불러와 관련 지역사회와 외부세계와의 긴장이나 갈등을 순화하는 데에 기여하기도 한다. 상대적으로 단기적인 시관을 통해 즉응적인 효과를 낳게 한다는 점에서 갈등 현장에 대한 운영관리론적 차원의 접근전략이 불러오는 성과라고 말할 수 있다.

반면에 간접적 효과에 대해서는 다시 구조적 접근전략과 이념적 접근전략의 결과로 대별해 볼 수 있다. 전자의 관점에서 보면 대안관광은 국가 간의 갈등에 중장기적으로 영향을 미치는 사회, 경제, 문화적인 요인을 점진적으로 순화함으로써 갈등 유발 요인을 제거하거나 경감시키고 나아가 긍정적이고도 친화적인 관계를 구축하게 되는 경우를 말한다. 지역사회 기반 관광이 지역경제 발전을 향도함으로써 사회의 안정을 유도하거나 주민참여를 통한 네트워크 체제를 구축하고 보다 형평성 있는 관광 프로그램의 기획을 통해 차별 없는 관광 과실의 배분을 가능케 하는 데에서 목격된다. 관광을 통한 지역 경제의 발전은 지역공동체 주민의 자긍심과 자기중심주의를 제고하고, 이는 다시 지역주민으로 하여금 자신의 문화적 전통이나 정체성에 대해 자긍심을 갖고 접근하게 함으로써 문화교류를 강화하는 한 요인으로 작용한다. 학습관광이나 체험관광을 통해 관광 참여자와 방문지 지역사회 주민 간의 사회문화적 이해의 정도나 정보의 공유가 확대되는 경우도 여기에 속한다. 환경친화적인 관광이 인간과 환경 간의 건강한 관계 수립이나 미래세대와의 화해를 촉진하는 데에 기여한다는 것은 그런 가치관을 중심으로 여행객과 방문지 지역주민 간의 관계가 새롭게 정립되는 출발점이라는 뜻이기도 하다. 관광 특산품으로 수공예품에 대한 수요를 증대시키는 경우, 관련 산업에 종사하는 여성이나 노인 같은 사회적 취약 계층의 취업 기회를 확대하는 결과가 되고, 이는 다시 사회적 약자의 언권을 높이거나 성차 극복의 기회를 제공하는 등 방문지 지역사회의 사회적 역량 강화로 귀결된다. 지역주민의 사회적 역량이 강화되는 경우 보다 적극적으로 자기 문화의 보존이나 외부 세계와의 교류에 능동적, 주체적으로 나설 수 있게 되고, 이는 결과적으로 국가 간의 상호작용이나 이해력의 증대로 나타나게 된다.

후자는 관광을 통해 자유민주주의와 시장경제체제의 확산을 불러오거나 안정화시키고 그것이 결과적으로 개인의 가치와 평화 지향적인 문화의 확산에 기여하게 되며 그로 인해 국가 간 갈등의 소지를 줄이게 되는 경우이다(Bellamy et al, 2010: 23-24). 이는 특히 대안관광이 대중관광이 저지르기 마련인 개발도상국에 대한 경제적 착취나 인권의 유린을 극복하고 상호 존중적인 시장질서의 확립이나 경제적, 사회적, 협력적 동반자 관계를 모색하고자 한다는 점에서 확연히 드러난다. 대중관광은 개도국과 선진국 사이에서 선진국 친화적인 대외 의존성을 심화시키려는 속성을 지녔다[3]. 방문지 지역사회의 문화를 상품화함으로써 일종의 문화적 수탈 현상이 발생하기도 한다. 불공정 거래를 통해 경제의 대외 의존성을 심화시키는 것도 물론이다. 이때 관광을 북반부 사회의 남반부 사회에 대한 문화적, 경제적 침투 수단으로 이해하게 될 것은 당연한 이치이다. 관광을 서유럽 사회에 의한 신제국주의의 팽창 수단으로 보게 되는 이유이다. 그러나 대안관광은 대중관광의 바로 이런 속성을 극복하고 자유롭고 공정한 경쟁이나 거래의 질서를 확립하고 인본주의적인 가치를 강조함으로써 새로운 이념적 질서를 소개하는 통로로 작용한다. 탈식민적인 가치관의 공유를 통해 개도국의 선진국에 대한 의구심을 해소하고 나아가 국가 간 또는 지역 간의 갈등 완화에 간접적 영향력을 미치는 셈이다.

그런데 이렇게 관광이 국제관계에 간접적인 영향을 미치는 과정을 보다 분석적으로 검토해 보면 관련 정보의 공유를 통해 방문지 지역사회나 출발지 지역사회에 서로 긍정적인 인식 프레임을 형성하자는 것에 다름 아니다. 그리고 그런 인식 프레임이 상대에게 영향을 미친다는 점에서는 일종의 힘의 유인 요소로 작용한다고도 말할 수 있다. 그렇기 때문에 연성권력의 프레임을 통해 설명하고자 하게 된다. 관광은 어떤

3) 지구화 시대를 바라보는 양대 시각 가운데 하나는 신자유주의의 수혜자라고 할 수 있는 낙관주의자들에 의해 공유되고 있다. 이들은 대체로 민족국가의 경계를 넘는 사해동포주의적 인본주의를 신봉할 만큼 천진난만하다는 특징을 지녔다. 다른 하나는 신식민주의로 인해 착취되고 있다고 믿는 비관주의자들의 관점이다. 이들은 작금의 세계 체계를 신마르크스주의의 관점에서 접근하려는 경향을 지녔으며 그로 인해 이 시대를 신중세의 도래로 간주하려고 한다. 대체적으로 보아, 전자가 엘리트 중심주의적인 성향을 지녔다면 후자는 사회 열등세력에 대한 애정에 기초한다는 특성을 지녔다.

나라의 연성권력 형성에 있어 효과적이고도 명료한 수단 가운데 하나이며, 그렇기 때문에 국익 증대를 위한 관점에서 볼 때 숨겨져 있는 영향력 행사의 토대이기도 하고 국제사회에 자국을 알리기 위해 매우 효율적인 도구이기도 하다(Bunakov et al, 2018 : 2177). 따라서 관광이 다른 분야보다 비교 우위를 지니고 있는 나라의 경우 관광과 외교를 융합하는 일은 매우 효과적인 대외정책 수단 가운데 하나를 모색하게 되는 것과 다름없다.

반면에 부정론자들은 기본적으로 대안관광은 시민외교의 촉진자가 아니라 수혜자일 뿐이라는 입장에 선다. 그렇기 때문에 국가 간의 관계가 갈등에 처해 있을 때 관광이 할 수 있는 일은 아무것도 없다고 본다. 관광은 국제간 갈등의 효과적인 제어 수단이 될 수 없다는 견해이다(Litvin, 1998: 63). 오히려 전쟁이나 분쟁이 발생해서 불안정한 지역사회 환경이 조성되어 있는 경우에는 관광객이 가려 하지 않게 되고 그렇기 때문에 관광 자체가 불가능하게 된다는 것이다. 그렇기 때문에 시민외교가 관광의 독립변수일 수는 있어도 관광이 시민외교의 독립변수로 작용할 수는 없다는 입장을 취한다.

V. 시민외교 수혜자로서의 대안관광

시민외교가 대안관광의 독립변수로 작용하게 되는 동인으로는 직접적 요인과 간접적 요인을 들 수 있다. 먼저 시민외교가 관광 나아가서는 대안관광의 진흥을 직접적으로 추동하는 현상은 범지구 차원, 국제지역

차원, 일국 차원으로 나누어 살펴볼 수 있다[4]. 먼저 범지구 차원에서 보면 관광 관련 국제기구를 통한 관광 특히 대안관광의 진흥을 들 수 있다. 예를 들어 시민이 나서서 UN 세계관광기구(UN-WTO: United Nations-World Tourism Organization)를 통해 대중관광의 부작용을 지적하고 대안관광의 중요성을 일깨우기 위한 세미나를 조직하거나 관련 정보를 확산하는 등 대안관광 친화적인 캠페인을 전개하고 개별 국가들로 하여금 그런 대외협력이나 정책 수립에 나서도록 독려하는 경우를 들 수 있다. 관련 학자들이 모여 국제회의를 조직해서 "평화 촉진 수단으로서의 관광(Tourism—a Vital Force for Peace)"을 전파하는 경우도 같다.[5] 국제지역 차원에서는 지역 회원국 사이의 경제개발 협력 사업을 촉진하고 그 가운데에서도 관광산업의 지역 내 협력 강화를 주문하는 시민사회의 압력 활동을 지적할 수 있다. 이를 위해 대안관광의 촉진을 위한 국제 세미나를 조직하거나 다양한 형식의 관련자 회합을 주선하며 특히 언론의 노출 빈도를 높여 미디어 프레임의 조정을 통한 미디어외교에 나설 수도 있다. 특히 역내 지역 관광 진흥을 위한 대안으로 종교, 문화, 스포츠, 명상, 학습, 생태 관광 등을 개발하고 이를 역내 개별 국가들이 정부 정책 차원에서 협력하고 지원하도록 조정, 중재, 협의에 나설 수도 있다.

또한 대안관광이 이루어지기 위한 전제 조건 가운데 하나가 관광 목적지로의 여행 자체가 가능해야 한다는 점을 상기해 보면, 그러기 위해서는 출발지 국가와 방문지 국가 사이의 국교가 정상화되어 있어 상호

---

4) Adhikary(2015)를 주로 참조했다.

5) 1988년 캐나다 몽트리엘에서는 "평화 촉진 수단으로서의 관광(Tourism—a Vital Force for Peace)"을 주제로 시민사회가 주도하는 국제회의가 주최된 바 있다(D'Amore, 1988: 270).

우호적이어야 하고 그렇기 때문에 비자 발급이 가능해야 할 것은 두말할 나위가 없다. 국교가 정상화되어 있다고 하더라도 비자 발급이 잘 이뤄지지 않거나 분쟁이 발발해서 여행의 안전이 위협받는 경우 관광의 목적지로 선택되기 어려울 것은 당연한 일이다. 관광 자체가 다른 여가 활동과 대체적 교환관계에 있을 뿐만 아니라 관광 목적지도 다른 관광 목적지와 대체적 경쟁관계를 구성하기 때문이다. 그런데 시민외교는 트랙 원인 정통외교에 영향을 미쳐 국가 간 국교의 정상화나 비자 면제 협정을 이끌어내는 것 같이 관광이 가능한 정치사회 환경을 조성하는 데에 기여한다. 시민외교가 국제관계상의 조정, 중재, 협상, 등을 통해 국가 간 분쟁의 소지를 줄이거나 갈등을 순화함으로써 관광에 우호적인 직접 환경을 조성하는 데에 기여한다는 뜻이다. 이는 관광산업을 진흥하기 위한 국제협약에 가입하거나 대안관광을 유도하기 위한 민간 협약을 체결하는 것과 같이 관광과 관련한 정부의 대외정책 수립과 집행에 직접적이고도 즉응적인 영향을 미치는 경우에서 찾아볼 수 있다. 대표적인 사례로는 1984년에 이루어진 알프스 지역 보호를 위한 국제 협의회(CIRPA: Commission Internationale pour la Protection des Regions Alpines)가 추르 선언(Chur Declaration)을 이끌어낸 데에서 찾아볼 수 있다. 알프스 지역의 독일어 사용권인 오스트리아, 스위스, 독일이 알프스 지역 관광객들 사이의 이해력을 높이고 관광지의 문화적 정체성을 훼손하지 않는 가운데 환경보호에 최선을 다한다는 뜻에서 연성관광(soft tourism)을 시행할 것에 합의하고 환경에 유해한 관광 기본 시설의 건설을 수용하지 않기로 결의하면서 기존에 있던 내국인용 간접시설만을 활용하기로 합의한 데에서 확인된다(Pearce, 1992: 18). 시민운동단체가 국경을 넘어 대중관광의 폐해를 고발하고 대안관광을 권면하기 위한 국제 캠페인을 펼치는 경우도 같다. 영국의 NGO인 "관광을 우려하는 모임(Tourism Concern)"이 대중관광의 부작용을 퇴치하기 위한 운동에 나서서 공정관광이나 윤리관광을 주창하거나 남아프리카공화국의 "책임관광 파트너십(The Responsible Tourism Partnership")이 관광을 통한 환경보호, 재해방지, 빈곤퇴치 등을 주창하면서 관광 목적지의 환경개선 사업을 펼쳐온 데에서도 찾아볼 수 있다. 영국의 NGO인 "환경을 책임지는 관광운동(Campaign for Environmentally Responsible Tourism)"은 환경친화적인 관광의 불가피성을 역설해 왔다. 이는 모두 일반 시민들이 국경을 초월해서 대안관광의 필요성을 강조하고 관련 가치관을 공유함으로써 대안관광의 정당성 기반을 확장하는 데에 직접적으로 기여하고자 한 것과 다름없다.

이렇듯 국경을 넘는 정보의 공유나 가치관의 확산이 대안관광의 진흥에 기여하는 현상은 세계적인 관광지로 부상해 있는 나라들이 대부분 강한 외교력을 과시해 온 나라들이라는 사실에 의해 간접적으로도 확인해 볼 수 있다. 관광 관련 통계에 의하면 프랑스, 미국, 중국, 이태리, 스페인, 터키, 영국, 독일, 러시아 등이 여행객이 가장 선호하는 방문 대상지역으로 평가된다. 그런데 이 나라들은 대체로 그동안 매우 강력한 외교력을 과시해 왔고 특히 최근에는 문화외교에 주력함으로써 지역 판촉이나 국가 브랜딩 사업을 선도해 왔다(Vasko et al, 2018: 104). 정부가 관광회사들을 상대로 공공 정보를 지속적으로 배포하고 공유하는 등 관련 국가의 이미지 관리를 위해 직접적인 노력을 경주해 왔고 특히 사이버 공간에서의 우호적인 이미지 확산을 위해 사이버 공간 선점 경쟁을 벌여왔음은 이미 잘 알려진 바와 같다. 디지털 외교(digital diplomacy)를 강화해 왔던 것이다(Vasko et al, 2018: 102).

반면에 시민외교가 대안관광의 활성화에 영향을 미치는 간접적 요인으로 작용하는 사례는 보다 더 광범위하다. 대안관광이 성공하기 위해서는 우선 대안관광이 대중관광의 부작용을 극복하기 위한 수단으로 적실성과 효율성을 지녔다고 판단할 수 있어야 하고, 그럴 경우에라도 어떤 특정의 여행 목적지를 선정하는 것이 왜 타당한 것인지에 대한 확신이 설 수 있어야 하며 무엇보다도 방문지 지역사회의 지지와 협력을 담보할 수 있어야 한다. 그런데 이 모든 단계에서 결정적 요인으로 작용하는 것은 관련 당사자들이 현안 과제에 대해 어떤 인식의 프레임을 지니고 있느냐에 있다. 현실 세계의 실제가 아니라 인식의 프레임이 인간의 의사결정을 유도하는 데에 있어 결정적 변인으로 작용한다는 사실은 인류 역사의 여러 곳에서 이미 확인된 바 있다. 예를 들어 제1차 세계대전이 발발하게 된 직접적이고도 결정적인 변인은 소련이 국경 지역으로 병력을 재배치한 것에 대한 독일 정부의 오독 때문이었다. 당시 소련은 독일의 침공에 대비하기 위한 예방 조치로 군대를 이동했을 뿐 전쟁을 일으키고자 하는 생각은 전혀 없었다. 그러나 독일은 이를 독일에 대한 소련의 침공 의도가 명백히 드러난 일이라고 인식했다. 그렇기 때문에 독일은 소련에 대한 선공을 시작했고 이것이 발칸 지역에서 전쟁이 발발하게 된 계기였다(Macmillan, 2014). 이처럼 사실이 무엇이냐가 아니라 어떻게 인식하느냐가 중요하다. 이런 점에서 시민외교는 대안관광 관련 이해당사자들의 인식 프레임이 대안관광 친화적으로 정립되는 데에 결정적인 변인으로 작용한다.

특히 오늘날에는 국제관계에 대한 자유주의적 관점(liberalist perspective)이 지배적인 접근시각으로 자리 잡게 되었다는 사실이 시민외교를 대안관광의 촉진자로 보게 되는 이유 가운데 하나이다. 자유주의자들의 관점에 따르면 그동안 사실주의자들이 주장해 왔던 것(realist perspective)과는 달리 외교가 궁극적으로는 다른 나라와의 관계에서 어떤 한 나라의 국익을 증대하는 일로 귀결되는 것이 아니라 보다 더 본질적으로는 두 나라 모두의 집단 이익을 제고하는 윈윈 게임의 성질을 내포한다. 이는 외교에 대한 고전적인 인식이 안전보장론적 접근시각(security approach)에 기초하는 것이었던 데에 반해 오늘날에는 이익공유론적 접근시각(benefit-sharing approach)에 의존하는 것이 대부분인 데에 따른 결과이다. 근대 정통외교의 대부분이 전쟁의 후속 조치와 연관되거나 전쟁 방지에 주력하고자 하는 것이었던 데에 반해 오늘날에는 발전정책의 공유 특히 경제발전 문제와 연동하는 데에 따른 결과이기도 하다. 이렇듯 외교 특히 지구시민사회에 기반하는 시민외교는 기본적으로 국가 간의 공존과 협력을 제고하는 데에 주안점을 두는 성질을 지녔다. 그런데 관광 나아가 대안관광은 관광 관련 국가들 사이에 우호적인 관계, 평화 지향성 등이 유지될 때 보다 효율적으로 전개되는 성질을 지녔다. 그러니까 국가 간의 상생 관계 조성이나 갈등의 제거가 여행의 직접적인 추동 요인은 아니지만 간접적으로 관광을 유도하는 데에 유리한 환경을 조성하는 것만큼은 틀림없는 사실이다. 시민외교를 대안관광 촉진의 한 유인 요소로 보게 되는 이유이다.

VI. 결론

이렇듯 시민외교와 대안관광이 상호의존적 관계에 있다는 사실은 먼저 이들을 통합적 시각에서 이해하고 접근하는 인식상의 교정이 필요하다는 점을 시사해 주는 것과 다름없다. 양자를 통섭하여 관광외교(tourism diplomacy)의 관점에서 접근할 것이 요청된다는 뜻이다. 이런 인식의 프레임에 기초하여 유럽연합은 회원국 간의 경계를 넘어 여행, 거주, 근로, 은퇴하는 "이동의 자유 정책(freedom of movement policy)"을 수립하고 이를 촉진하기 위해 에라스무스 사업(Erasmus program)[6]을 개발, 운용해 오고 있다. 이는 회원국 시민들 간에 보다 빈번한 접촉이 일어나면 그로 인해 상호 이해의 정도가 높아지고 나아가서는 사회화를 촉진하게 되며 그 결과 유럽 시민으로서의 정체성을 계발할 수 있게 될 것이라고 본 결과이다. 에라스무스 사업의 주창자들은 영국민이 유럽연합으로부터의 탈퇴를 주장하며 브렉시트 정책에 찬성하는 주요 원인 가운데 하나는 유럽연합의 다른 회원국들에 비해 영국의 에라스무스 사업 참여자 수가 크게 낮은 것처럼 여타의 유럽연합 회원국 국민들과의 접촉 빈도가 매우 낮아 상호 이해의 정도가 크게 축적되지 못한 탓이라고 진단한다. 보다 빈번한 교류는 상호 이해의 정도를 축적하는 지름길 가운데 하나이다. 회원국 국민들 간의 잦은 접촉을 불러오기 마련인 관광을 유럽 통합을 위한 시민외교의 한 양식으로 파악한 것과 다름없다. 이런 인식의 연장선상에서 유럽연합의 회원국들은 서로 간의 관광을 촉진하기 위해 장소 판촉 내지는 평판 관리(reputation management)를 장소 마케팅(place marketing) 내지는 장소 브랜딩(place branding)의 차원에서 접근하고 독려해 왔다.

6) 에라스무스 사업은 1987년 유럽위원회가 유럽연합 회원국 학생들 사이의 교육, 훈련, 청년, 스포츠 교류를 통한 상호 이해의 증진을 위해 마련되었다. 이후 성인교육, 교사 재훈련, 유럽연합 밖의 세계 여러 나라와의 교류를 촉진하기 위한 프로그램도 추가되었다. 2012년에는 일반 시민들이 이 사업의 확대, 유지를 위한 캠페인에 나서기도 했다.

이런 인식상의 교정에 토대를 두는 정부의 대외정책 개발이 보다 효율적으로 이루어지기 위해서는 우선적으로 대외정책과 관광산업정책을 연계해서 통합 관리할 필요성이 제기된다. 이를 위해서는 정부가 다루는 대외정책의 하위체계 가운데 하나로 관광외교를 개념화하고, 이를 토대로 관광외교의 진흥을 담당하는 부서를 신설하는 것은 물론이고 이 분야 전문가를 양성하는 일에도 우선적인 노력을 경주해야 한다. 오늘날의 급변하는 사회 수요에 대응하기 위해서는 관광산업, 시민사회운동, 항공운송업, 외교정책, 개발협력 등을 융복합하는 정부의 지원체계 구축이 시급한 과제로 부상한다. 이럴 경우 항용 정부의 관광산업 진흥과정에서 당면하기 마련인 경제개발과 환경보전이나 인권침해의 방지 또는 사회경제적 소수자의 착취를 예방하는 일 간에 발생하는 이해 충돌 문제는 이를 보다 손쉽게 정리할 수 있게 된다. 관광을 통해 자국의 이미지를 관리하는 수요 내지는 시민외교의 필요성 때문에 관광을 통한 경제개발 과제를 단순히 경제적 효익의 차원에서만 접근하려는 시각의 한계를 보다 손쉽게 인정하고 또 극복할 수 있기 때문이다. 이런 통합적 시각을 위해서는 당연히 정부의 외교관을 충원, 훈련, 평가하는 과정에서도 정통외교의 수행에 필요한 기본 지식 외에도 대안관광 및 그와 관련된 가치 프레임을 이해하는 능력과 문제의식을 중시하는 인사관리정책상의 변화가 요청될 것은 물론이다. 지구촌 전체의 발전과 안녕을 진작하는 맥락에서 볼 때 관광은 이제 보다 더 복잡하고 다차원적이며 광범위한 역할을 수행하는 존재로 재해석되어야 마땅한 시대에 진입해 있다(Carbone, 2017: 63).

이런 시각상의 교정은 특히 대안관광의 관련 이해당사자들에게 요청된다. 관광이 시민외교의 촉진자로 기여하기 위해서는 프로그램을 기획하는 단계에서부터 관광을 시민외교의 한 양식으로 인식하고 접근하려는 시각상의 교정이 필요하기 때문이다. 이런 인식의 연장선상에서 대안관광을 운영하는 시민사회의 NGO로서는 방문지 지역사회의 질적 성장을 염두에 두고 활동해야 한다는 자기 성찰을 보다 더 강화해야 할 것도 물론이다. 방문지 지역사회의 고용기회 증진이 지역주민의 경제적 윤택을 제고하고 그 결과 사회적 갈등 요인을 해소하는 데에 기여하는지의 여부를 보다 더 면밀히 검토하고자 노력하는 일도 필요하다. 방문지 지역사회로서도 보다 양질의 서비스를 제공하고 환경친화적인 노력을 배가하여 여행객과의 관계에서 가치관의 공유나 정서적 공감이 배가 되도록 노력해야 할 것은 당연한 일이다. 무엇보다 중요한 것은 관광에 참여하는 여행 당사자의 인식 프레임을 교정하는 과제이다. 대중관광과는 달리 관광을 통한 학습과 자기 성찰의 중요성을 절감한다고 하더라도 이를 단순히 자신의 사적 영역에서 발생하는 자기 성장의 과제로 끝나는 것이 아니라 그 이상의 사회적 의미를 동반하는 과제로 인식하고 접근할 수 있어야 한다.

무엇보다 중요한 것은 관광 현장의 실제 자체가 아니라 관광 관련 이해당사자들이 그런 현장에 대해 어떤 인식의 프레임을 구축하고 있느냐가 문제의 핵심이라는 사실을 재확인해야 한다는 점이다. 대안관광은 그의 동기가 선한 의지의 구현에 있는 만큼 그동안에는 관광의 참여자들이 얼마나 진지한 자세로 이타주의의 정신을 발휘할 것인가에 주안점을 두어 왔던 것이 사실이다. 그러나 문제의 본질이 이제는 단순히 얼마나 진지하고 헌신적으로 임하느냐에 있는 것이 아니라 그런 노력의 결과를 방문지 지역주민이 어떻게 인식하고 이해하느냐에 놓이게 되는 만큼 관광의 이해당사자들이 어떤 인식의 프레임과 내용을 지니고 있는가를 염두에 두고 관광에 임해야 한다. 따라서 대안관광의 이해당사자들이 대안관광에 대해 가지고 있는 인식의 내용이 무엇인지를 파악하는 일이 선결과제이고, 대안관광의 당위성을 공유하기 위해 가장 효과적인 의사소통 양식이 무엇인지를 찾아내야 하며, 무엇보다도 의사소통 당사자들이 처한 맥락적 환경에 대한 이해를 통해 이해력을 높이고자 노력해야 한다. 이를 위해 현실적으로는 누가 대안관광을 지지하는 동지인지를 파악할 수 있어야 하며 이를 위해서라면 전문가의 조력을 받을 필요성도 있다. 그리하여 인식의 오류가 발견될 경우에는 이를 솔직히 인정하고 수용한 후 문제 해결에 나서고자 해야 한다. 이런 인식의 프레임을 형성하거나 수정하는 일은 중장기간에 걸쳐 이루어지는 것임으로 결코 조급해야 할 이유는 없다. 보다 먼 시관을 가지고 느긋하게 접근하는 자세가 요청된다는 뜻이다. 인식의 프레임을 관리하는 일은 하루아침에 달성 가능한 과제가 아니다. 이런 중장기적인 시관은 시민외교의 본질적 특성 가운데 하나라는 자세로 임해야 한다.

제 II 편

특수목적 관광과 대안관광

제4장

후기 근대의 대안관광과 NGO

I. 서론

NGO가 주도하는 대안관광 프로그램이 늘고 있다. NGO가 대안관광 프로그램을 개발하고 이를 추진하는 동인 가운데 하나는 지구화 시대를 맞아 그에 부응하는 사회운동 전략을 개발하고자 하기 때문이다. 이런 관점의 연장선상에서 보면 대안관광은 이제 소극적으로 대중관광의 폐해를 극복하기 위한 대안의 하나로 고안된 데에서 벗어나 보다 적극적으로 변화하는 사회 현상에 대응하고자 하는 특수목적 관광의 한 양식으로 진화해 나가는 과정에 있다. 이 과정에서 일국주의의 경계를 넘어 다른 나라 NGO와의 협력을 촉진하고자 하게 되는 것도 몰론이다. 초국적 NGO(TNGO: Transnational NGO) 간의 교류와 연대를 강화하는 일이 당면한 현안 가운데 하나로 부상하는 이유이다.

그런데 초국적 NGO 간의 교류와 협력을 확대해 나가는 과정에서 크게 유의해야 할 과제 가운데 하나는 그동안 국제사회의 NGO 간에 이루어지는 교류와 협력이 주로 미국을 비롯한 북반부 NGO가 주도하는 일방주의에 의해 압도되어 왔다는 점이다. NGO 간의 국제 교류와 협력이 불균형 교환에 기초한 결과 기울어진 운동장이 형성, 유지되는 경우 그들 사이에서 진정한 의미의 동반자 관계나 동지적 결합을 기대하기는 어렵다. 당연히 범지구 차원의 응집력 있는 결속과 연대를 구축하기가 곤란해지고 나아가 효율적으로 사회운동의 성과를 담보하기도 쉽지 않게 된다. 이에 조응하기 위해서는 쌍방향적이고 등가적인 교환과 평등한 협력관계를 모색해야 마땅한 일이다.

이를 위해서는 먼저 관광을 이해하거나 해석하는 관점 자체를 교정할 필요성이 있다. 예컨대 관광의 참가자가 자신이 추구하는 특수목적 가운데 하나로 방문지 지역사회의 개발과 혁신에 기여하고 하는 경우 이를 단순히 관광객 일방에 의한 기여나 공여의 한 양식으로 평가하지 말자는 것이다. 단순히 일방적으로 제공하기만 하는 것이 아니라 그런 헌신의 과정에서 방문지 지역사회로부터 실로 많은 것을 보상받는다고 보자는 것이다. 어떤 관광객이 자원봉사 활동에 나선다고 하더라도 그 과정의 참여와 체험을 통해 지식과 정보를 획득하는 것은 물론이고 자기 성찰의 전기를 갖게 되기도 한다. 방문지 지역사회의 문화, 역사, 풍광, 자연 생태환경, 전통 등을 관조하고 누리게 되는 것도 물론이다. 대안관광의 참가자와 방문지 지역사회 사이에서는 쌍방향적이고 등가적인 교환과 협력의 관계가 형성되는 것으로 이해하고 해석해야 마땅한 일이다. 대안관광을 이런 관점에서 접근해야 하는 보다 근본적인 이유는 세상을 조망하는 인식의 프레임 자체가 변하고 있기 때문이다. 세상은 이제 더 이상 어느 일방에 의해 구속되거나 규정되는 것으로 이해되지 않는다. 고정적인 현상으로 규정되지도 않는다.

이런 변화는 원래 대안관광의 등장 자체를 재촉하는 동인이었다. 대안관광은 기존의 대중관광에 드리워진 근대의 프레임을 걷어내고 새로운 대안을 찾고자 고안되었다. 대중관광은 그의 출현 자체가 대량생산과 대량소비를 특징으로 하는 포디즘적인 생산양식에 기초하는 것이었다. 대중관광으로 인해 빚어지는 다양한 양식의 역기능과 폐해는 사실 산업사회의 가치관과 사고 양식에서 비롯되는 것이 대부분이다. 관광을 공급자의 관점에서 접근하면서 천편일률적으로 대량 생산하고자 할 뿐만 아니라, 그에 따르는 환경파괴, 여성, 유소년, 원주민 같은 사회 열등세력에 대한 착취와 인권침해, 전통문화의 훼손, 지역경제의 대외 의존성 심화 등은 모두 근대의 프레임과 가치관에서 비롯되는 과제들이다. 관광을 통해 일상으로부터 심리적 일탈을 모색하려는 것도 따지고 보면 근대 문명에 내포되어 있는 인간소외에 대한 반발에서 비롯되는 것과 다름없다.

따라서 대안관광이 대중관광의 대안이라는 의미는 사실 근대의 인식 프레임에 대한 도전이고 그렇기 때문에 후기 근대의 프레임을 지향하려는 것과 다름없다. 우선 대안관광을 고안하고 제시한다는 일 자체가 대중관광의 유일성 내지는 일원주의에 대한 도전을 의미한다. 대안관광은 새로운 관광 유형의 제시를 통해 보다 다양한 선택지를 제공한다. 여러 유형의 특수목적 관광으로서의 틈새관광이 등장하면서 대중관광 중심의 일원주의를 타파하게 된다. 물론 근대 관광의 다원화 경향은 시대 환경의 변화에 힘입은 바도 적지 않다. 근자에 들어서면서부터 새로운 유형의 관광 수요가 거듭 창출되었다. 정치적으로는 사회주의 국가권의 붕괴 이후 동유럽 관광객이 증가했으며, 경제적으로는 중진국으로 성장하는 아시아 태평양 지역의 한국, 중국, 인도, 말레이시아 같은 나라들의 여행객이 새로 추가되었다. 사회적으로는 고령화 사회의 도래와 더불어 노인 관광객이 늘고 1인 가정이 확대되면서 가족 단위 여행이 줄고 대신 개인 여행객이 급격히 신장하는 변화를 낳았다. 소위 "제3 세대" 관광객이 출현하면서 관광 수요의 내용 자체를 다원화했다.

이렇듯 관광객의 내용이 다양해지면서 그들이 추구하는 관광의 기호나 목푯값도 서로 차별화하고 세분화하는 변화를 낳았다. 휴식, 유희, 자연풍광에 대한 심미주의 차원의 관조 등 단순한 물질적 쾌락의 소비에서부터 사회문화적, 이념적, 상징적, 체험적 차원의 소비로 관광의 주안점이 이동, 확장하는 변화가 대표적인 현상이다. 인종, 종교 같은 사회문화적 차이에 대한 호기심 내지는 이해력의 증진을 위해 여행에 나서거나, 쿠바나 동유럽처럼 정치적 이유로 여행하기 어려웠던 곳을 둘러보고, 어떤 특정의 사회문제 해결에 필요한 지식과 정보를 습득하거나 비교 평가하기 위해서, 또는 개인의 심리적인 힐링이나 자기 성찰과 성장의 기회를 찾기 위해 여행에 나서는 이들도 늘어났다.

이런 변화는 대안관광의 외연이 크게 달라지게 되었음을 뜻한다. 이런 외연의 변화가 보다 근본적으로는 후기 근대의 속성에서 비롯되는 것이라고 한다면, 대안관광의 내재율도 후기 근대의 프레임에 따라 크게 변하고 있을 것임이 틀림없다. 대안관광의 내포적 특성을 후기 근대의 프레임으로 재해석해 보아야 하는 이유이다.

II. 후기 근대와 대안관광의 내포적 특성

후기 근대는 인식의 대상에 대한 이해를 근대와 달리한다. 근대가 상정하는 참 진(眞)의 세계는 소여의 것으로서 인식 이전에 이미 우리에게 주어진다. 따라서 이를 대상화하고 제3자의 입장에서 응시하는(gazing) 일을 실존적 현실의 실체에 접근하는 첩경으로 여긴다. 이런 객관적 현실을 관찰자의 일관된 사유 과정을 통해 정리하고자 하기 때문에 근대의 프레임이 세상을 이성적으로 판단하고 합리적으로 규정하고자 했을 것은 당연한 이치이다. 관찰 대상으로서의 현실과 관찰자를 구분하면서 세상을 이분법의 프레임에 따라 환경과 인식의 주체로 구분하는 경계 개념을 토대로 분별하게 했을 것도 물론이다.

그러나 후기 근대는 이런 통일된 세계의 실재성을 부정한다. 우리가 객관적으로 실존한다고 믿어온 세계는 근대의 은유가 구성한 착각일 뿐이며, 실제로는 항상적으로 유동하고 변화하는 사회관계의 연속이기 때문이다. 이런 세계는 너와 내가 상호작용하는 가운데 빚어지고 그렇기 때문에 관계론적이며 소통론적이고 상호주의적이다. 따라서 세상에 대한 이런 인식의 틀은 인식의 주체인 나 자신의 내면의 세계에서 주관주의적으로 형성된다. 완성된 피조물이 객관적으로 존재하는 것이 아니라 끊임없이 진화하며 계속적으로 빚어진다. 그런 까닭에 비결정론적이고 유동적이며, 인식의 객체와 주체 사이에 이를 나누는 경계가 있을 수 없고, 존재론적으로 끊임없는 창조의 과정이 지속될 뿐이다.

흔히 후기 근대는 완성되지 않았으며 계속 형성과정에 있어 그의 본질을 규명하기가 어렵다고 말한다. 그러나 후기 근대의 바로 이런 비결정론적 또는 비완결적 속성에 견주어 보면, 후기 근대는 그것 자체로서 지속적인 형성과정에 있을 수밖에 없다. 이렇듯 선험적으로 완결된 것이 아니라 지속적으로 창조되는 과정에 있는 후기 근대에서는 더 이상 세상을 객관적으로 응시할 수가 없다. 오로지 주관적으로 도전해 나갈 뿐이다. 그런데 세상은 그런 사람들로 구성되기 때문에 스스로 객관화하여 존재하는 실존적 실체가 따로 있을 수 없으며 주관적 도전의 상호작용에 의해 만들어지는 사건의 연속으로 채워질 뿐이다.

따라서 후기 근대에서는 따로 일원적인 양식에 의해 정리되는 역사적 목적론이나 메타 서사(meta-narrative)가 있을 수 없다. 오로지 비정태성, 비일관성, 비종국성이 사회적 진화의 본질을 이룬다. 비산의 체계 내지는 끊임없는 에너지 떨림의 세계를 상정하게 되는 이유이다. 예정된 변화의 경로가 없으니 상황조응적으로 대응하면서 지속적으로 교정해 나갈 수밖에 없다. 따라서 어떤 형태의 모형도 발생 이전에 미리 선험적으로 존재할 수 없으며, 다만 복잡하게 얽히는 사회관계가 지속적으로 펼쳐질 뿐이다. 선형체계가 아니라 복잡계로 인식하게 되는 이유이고 세상의 질서가 단일성의 세계에서 이질성의 세계로 전환하는 까닭이기도 하다.

이처럼 후기 근대는 지속적으로 변하고 연속적으로 생성되는 만큼 기존의 질서를 부정하고 의심하며 절대적 완벽성의 실존을 믿지 않는다. 이는 결국 중심성의 상실이자 표준의 해체를 말한다. 따라서 복수 패러다임의 공존이 불가피하다는 의미이기도 하다. 이런 현상을 이해하기 위한 이론의 틀로는 흔히 기존의 프레임으로부터 벗어나려는 해체주의나 비판이론이 중심축을 이룬다. 결국 세상을 분할해서 보자는 것임으로 인식의 국지성을 전제하는 것이기도 하고 파편적 사회를 지향하는 것이기도 하다. 벡 등(Beck et al, 1998 : 22)은 이런 해체작업을 "창조적 파괴"라고 보았다.

그런데 이때의 창조적 파괴는 단순히 현재의 질서를 부정하기만 하는 것이 아니라 새로운 양식의 결합과 협력을 지향한다는 특성을 지녔다. 종당에는 세상을 통전주의(holism)의 관점에서 바라보아야 하는 이유이다. 근대는 인간을 물질 또는 객관적 사실과 분리하는 이분법적 세계관의 시대였다. 그러나 후기 근대는 물질의 존재가 그를 인식하는 인간을 통해 결합되고 객관적 세계와 인간의 주관주의적 판단이 융합하는 일원론의 세계이다. 이는 거듭되는 변증법적 재결합이 이루어내는 결과이다. 그런데 이때의 재결합은 단순한 재대상화나 재합리화가 아니라 보다 더 새롭고 개선된 패러다임으로의 전환을 함축한다. 이 점에서 볼 때, 후기 근대는 창의적인 재결합을 통한 성찰적 진화를 그의 본질적 특성 가운데 하나로 삼는 셈이다.

후기 근대가 성찰적 인간을 중시하게 되는 이유이다. 그런데 성찰적 인간은 자기 해체를 통해 한 단계 더 높은 곳으로의 가치 성장을 도모한다는 의미이므로 윤리적, 도덕적 존재를 지향한다는 뜻도 된다. 근대가 기계론적 세계관에 기초한 이기적 존재를 지향하는 것이라고 한다면 후기 근대가 이타적 도덕성을 강조하는 이유 가운데 하나이기도 하다. 이는 근대처럼 자기 외부의 세계를 활용해서 자기의 편익을 높이는 데에만 열중하는 것이 아니라 자신과 환경 사이의 합일을 통해 한 단계 더 높은 경지로의 이동을 시도한다는 의미이기도 하다.

이런 인식의 프레임으로 대안관광의 내포적 관계를 검토해 보면, 관광의 유인 요소가 객관적인 응시에서 주관주의적인 성찰로 이동하고 있음을 알 수 있다. 대안관광은 더 이상 관광의 매력 포인트를 제3자의 관점에서 방문지 사회의 풍광이나 이국적 현실을 관찰하는 데에서 찾으려고

하지 않는다. 거기에서 한 걸음 더 나아가 개인의 자유 또는 내면의 세계에서 우러나는 진정성의 추구를 통해 자기 몰입 내지는 자기 각성에 이르고자 한다. 이 경우 관광은 더 이상 공간적, 시간적 구속을 받지 않게 된다. 언제, 어디서나 자신의 주관주의적 판단에 따라 창의적으로 자기 몰입에 이를 수만 있으면 되는 일이기 때문이다. 이런 관광에는 관광과 관광을 에워싼 관광 환경 간의 관계를 구분하는 경계 개념도 존재하지 않는다. 현상학적 인식을 통해 관광을 이해하고자 하는 이유이다(de Esteban et al, 2015 : 5). 관광의 개념이 근본부터 변하고 있음을 뜻한다.

또한 대안관광은 관광을 통해 이타주의를 구현하고자 하는 것이기도 하다. 근대에서처럼 이성적 판단에 따라 자기 이익을 극대화하려는 합리주의가 아니라 방문지 지역사회에 기여하고자 하는 헌신 내지는 이타주의에 의해서도 추동되고 있다. 그러나 그렇다고 해서 오로지 이타주의에 의해서만 움직이는 것은 아니다. 방문지 지역사회의 혁신과 변화 같은 사회운동에 나서고자 하는 경우에도 그 과정에서 체험을 통한 학습이나 자기 성찰에 이르고자 한다. 바로 이 점에서는 여전히 이기주의의 범주 내에 머물러 있다고 말할 수 있다. 전통적으로 관광이 추구해온 것과 마찬가지로 자연 풍광이나 이국적 매력 같은 심미주의적인 유인 요소를 아주 배제하려는 것도 아니다. 근대의 합리주의가 동반하는 이기주의를 초극하고자 하면서도 그렇다고 해서 이타주의가 내포하는 감성적 니힐리즘에 빠지는 것을 거부하려 한다는 점에서는 신합리주의(Zhang & Hui, 2016 : 85)를 지향하는 것이라고도 말할 수 있다.

바로 이 점에서도 대안관광은 근대의 프레임에 갇혀 있는 대중관광의 이분법적 세계관에서 벗어나 변증법적 융복합화를 시도하는 것이라고 말할 수 있다. 이기주의와 이타주의를 혼합하고자 하기 때문이다. 대안관광은 이기주의와 이타주의를 이분법적으로 구분하는 근대의 프레임에 내포되어 있는 모순에서 벗어나 보다 종합적 시각에서 관광을 이해하고자 한다. 합리주의에 내재되어 있는 모순과 한계를 벗어나려 한다는 점에서는 해체주의의 연장선상에 있는 것이기도 하다.

이런 해체주의의 관점은 대안관광이 어떤 예정된 경로나 기획에 따라 프로그램을 운영하려는 것이 아니라 상황조응적인 양식에 따라 접근하려 한다는 데에서도 확인된다. 대안관광이 추구하는바 관광을 통한 자기 성찰이나 방문지 지역사회 주민과의 협력을 통한 지역사회 발전전략의 전개는 자체의 성격상 상황조응적이고 임기응변적일 수밖에 없다. 유동적인 관광 집행 환경의 수요에 따라 유연하게 조응해나가야 하는 일이기 때문이다. 근대의 기계론이나 선형체계론으로는 설명할 수 없으며 복잡계나 에너지의 떨림 내지는 비산의 체계로나 해석 가능한 일이다.

이렇듯 대안관광은 후기 근대의 인식론적 프레임을 고스란히 이어받아 관광객 내면의 세계에서 끊임없이 지속되는 주관주의적인 창조와 그 과정에서 이루어지는 이기주의와 이타주의의 변증법적 융합을 통해 사회문제 인식의 지경을 확장하고자 한다. 나아가 세상과 내면의 세계가 상호작용하는 가운데 상황조응적으로 반응하며 체험하고 자기 성장을 모색해나가는 과정이기도 하다. 대안관광의 핵심적인 구성요소로 창조성, 사회책임, 참여와 체험을 지목하게 되는 이유다. 이에 따라 대안관광은 이를 창조관광(CT: Creative Tourism), 책임관광(RT: Responsible Tourism), 참여체험관광(PET: Participatory Experience Tourism)으로 나누어 검토해 볼 수 있게 된다. 이들 각각의 경우, 별도의 개별적인 유인 요소를 지녔다는 점에서 특수목적 관광의 다변화 현상 가운데 하나로 이해해 볼 수도 있다.

III. 창조관광(CT)으로서의 대안관광

대안관광은 관광의 핵심적인 구성요소를 창조성에서 찾는다. 바로 그 점에서 후기 근대의 인식론적 프레임에 기반한 관광으로 평가된다. 그런데 창조관광은 창조성을 관광의 목적으로 삼느냐 또는 수단으로 보느냐에 따라 "창조성에 의한 관광(creativity of tourism)"과 "창조성을 대상으로 하는 관광(tourism of creativity)"으로 구분해 볼 수 있다(이무용, 2012 : 239).

1. 창조성에 의한 관광

"창조성에 의한 관광"은 기존의 대중관광을 해체주의적으로 의심하고 창조성을 동원하여 관광의 패러다임을 바꾸고자 한 결과물이다. 기존의 대중관광이 일관된 기획에 따라 획일적인 프로그램을 제공하자는 것인데 반해 창조성에 의한 관광은 이를 거부하고 관광객 개개인이 자신의 입장에서 창의적인 역량을 발휘하고 그 결과 개인별로 독창적인 경험을 하게 되며 그로 인해 자신만의 관광을 디자인할 수 있게 한다는 특성을 지녔다. 이는 근대의 관광에 대한 집적 욕구를 감축시켜 관광에 대한 수요를 재배분하는 데 필요한 관광 유형을 개발하려는 것과 다름없다. 이는 또 개인의 기량에 따라 이루어지는 자기개발, 교육, 창조 활동같이 특화된 소비를 지향하는 후기 근대의 특성을 반영하는 것이기도 하다(Richards, 2009: 80). 특화된 관광 프로그램의 소비를 통해 독창적인 개인 경험을 만들어내고 그 결과 창의적인 체험에 이르도록 하자는 것이다. 이 경우 관광은 비선험적이고, 비예정적이며, 상황조응적이고, 맥락적인 것이 된다. 관광객 개개인에 의한 주관주의적인 체험을 뜻하기 때문이다. 관광을 관광산업 같은 객관적 객체가 아니라 관광객 개개인이 자신의 내면에서 경험하는 주관적 체험의 한 양식으로 삼으려는 것이다.

이때 창조성은 관광객이 적극적 참여, 경계 넘기, 변형, 몰입하기, 감정이입, 다차원적 사고, 등을 거쳐 가치를 융합하는 과정에서 발현된다. 그런데 가치융합이 서로 다른 가치의 결합을 통해 제3의 대안을 모색해 나가는 과정이라고 한다면, 이런 프레임은 관광객 개개인의 내면의 세계뿐만 아니라 관광의 생산자와 소비자 사이에서 이루어지는 프로슈머적인 관계에서도 발견된다. 관광객이 관광 프로그램의 노련한 생산자이자 동시에 소비자이기도 한 것이다(Richards & Wilson, 2006: 1220). 이를 사회구조적인 차원에서 보면 서로 다른 가치 선호나 인식의 틀을 가진 관광 참여자 내지는 이해관계자들 사이에서 협동적 노력을 통해 변증법적 대안을 모색해 나가는 과정으로도 이해된다. 창조관광 성공의 가장 기본적인 요소 가운데 하나가 공동창조(cocreation)일 뿐만 아니라(Prahalad & Ramaswamy, 2004) 후기 근대 소비자의 핵심적 특성 가운데 하나가 바로 그런 문화자본의 축적에 있다는 사실(Carvalho, 2014)을 시사하는 것에 다름 아니다.

이렇듯 변증법적 대안 모색을 통해 가치융합이 이루어진다는 사실은 결국 어떤 사회에 사회 혁신의 가치를 추가하려 한다는 것과 다름없는 일이 된다. 보다 효율적이고, 지속가능하며, 적극적인 양식으로 사회문제 해결을 위한 대안 모색에 나서려면 그 과정에서 창조적 대응이 필요하게 된다. 사회개혁적 사고는 그 자체로써 새로운 가치의 추가를 내포한다. 대안관광이 방문지 지역사회에 참여하면서 자기 성찰에 이르고 그 결과 사회개혁적인 마인드에 눈뜨거나, 방문지 지역사회의 구성원과 협업하는 가운데 관광 디자인을 완성하고, 사회개발 활동 전개 과정에서 지역주민의 참여를 전제하게 되는 이유이다.

이런 사회 혁신 마인드는 사회 현상에 대한 문제의식이나 책임 의식이 전제되어 있지 않고서는 형성되기 어렵다. 그런 점에서 사회문제의식에 새로운 가치를 추가하려는 것이기도 하다. 이는 관광을 통해 지역사회 운동을 펼치고, 그 결과 어떤 사회에 긍정적인 영향력을 끼치거나 인간 삶의 질적 수준을 높이고, 나아가 사회책임을 다하고자 한다면, 그 출발점이 사회문제에 대한 애정어리고 진정성 있는 인식에서부터 비롯되어야 할 것은 물론이다. 이를 가능케 하고자 하는 것이 바로 창조성에 의한 관광인 셈이다.

2. 창조성의 관광 대상화

창조성에 의한 관광이 주로 관광객의 내면의 세계에서 벌어지는 주관주의적 판단과 대응에 주목하는 것이라고 한다면, 창조성을 관광의 대상으로 삼는다는 것은 기본적으로 창조성을 관광객의 외부와의 관계에서 웅시 대상물화 한다는 의미이다. 관광을 관광객 내면의 세계에서 전개되는 감성이나 심리의 변화가 아니라 관광객이 주체가 되는 대외 활동의 한 양식으로 이해하고자 한다. 이 경우 관광의 대상물을 새롭게 하자는 것임으로 관광 대상의 융복합을 통한 연계관광, 관광환경의 재해석을 통한 생활관광, 정보통신기술을 활용한 가상관광 등의 특수목적 관광을 내포한다. 의료산업, 박물관, 문화유산, 스포츠, 미술, 예술 등과의 하이브리드화를 통해 아직까지 선보이지 않았던 복합 관광산업을 제시하는 것이 연계관광이라면, 도시생태계를 새롭게 관찰하고 재해석해서 새로운 의미를 부여하는 경우는 생활관광이라고 할 수 있다. 홍대 앞 거리의 재탄생과 새로운 의미 부여를 통해 관광 대상화하는 일이 대표적인 사례이다. 가상관광은 정보통신기술을 활용해 초현실적인 체험을 가능케 하는 IT관광, U관광, E관광 등이 여기에 해당된다. 넓은 의미에서 문화창조산업(CCIs: Cultural and Creative Industries)의 한 분야인 셈이다. 관광 대상물을 재해석하거나 블랜딩해서 개성과 고유성을 부여하고 그 결과 유일성, 최고성, 독특성 같은 관광 이미지를 창출하려는 것이다.

창조적인 활동 자체를 관광의 목적으로 삼는 경우도 있다. 관광객에게 창조적인 자기표현 기회를 제공하거나, 창조적 활동의 산출물을 감상하게 하려는 것이다. 전자는 관광객으로 하여금 예술적인 영감을 표현할 수 있는 기회를 제공하거나 독창적인 예술 창조를 체험하게 하는 경우가 여기에 속한다. "마오이 뼈를 조각(Maoi bone carving)" 하는 문화 강좌가 대표적인 사례이다[1]. 문화와 창조를 융합하는 그림 그리기나 고전무용 체험이나 전통 요리 실습 등도 여기에 속한다. 관광객으로 하여금 창조적인 문제 해결 기회를 체험하게 하려는 경우도 있다. 의례적이고, 반복적이며, 고식적인 방법이 아니라 보다 혁신적인 방법을 찾아내야 문제 해결에 이를 수 있는 프로그램이 여기에 해당된다. 예를 들면 보물찾기가 대표적인 사례이다.

후자의 경우로는 전통 공예, 무용, 요리, 음악 등의 발상지를 방문하여 둘러보거나 건축물, 영화, 패션, 디자인 같은 창조산업의 산출물을 감상의 대상으로 삼는 관광이 여기에 포함된다(Smith, 2016: 209). 이 가운데에

1) 이를 참여와 체험의 측면에서 접근하는 de Bruin & Jelinčić(2016: 62)는 참여체험관광으로 분류한다.

서도 공예품 판매는 1990년대 중반 창조관광의 개념이 처음 개발되는 과정에 시동을 거는 출발점이 되었다(Richards, 2009: 78). 이때의 창조관광은 관광객을 공예품 생산 현장에 불러들여 제품생산과정을 보여주고 이를 통해 공예품 판매를 촉진하자는 것이었으나 이후 그런 관찰 과정을 거쳐 공예 기술을 학습하는 기회를 제공하는 데로까지 확대되었다. 전통적이고 정태적이며 일방적인 성격의 문화관광으로부터 그의 연장선상에서 상호작용적, 능동적, 미래지향적인 양식의 관광으로 변모하기 시작한 것이 태동기 진화 과정에 나타난 창조관광의 모습인 셈이다. 그런 점에서 창조관광은 자아실현의 의지나 자기개발 같이 보다 고급한 수준의 욕구를 충족하기 위한 차세대 문화관광이라고까지 말할 수 있다(Ohridska-Olson & Ivanov, 2010: 25).

창조를 단순히 가치 추가 현상이라고 보는 경우에는 노동의 제공을 통해 새로운 가치를 부가하는 경우도 있다. 거의 창의적인 요소가 포함되어 있지는 않지만 단순 노동의 추가만으로도 새로운 가치가 창조되는 경우이다. 농촌생활체험관광을 통해 포도를 따거나, 음식을 장만하고, 요리 수업을 듣는 것과 같다. "크로아티아 올리브 따기 체험 프로그램(Croatian olive picking program)"이 대표적인 사례이다. 방문지 지역사회에 대한 노력 봉사를 통해 마을회관을 짓거나 하수도를 개축하는 것도 같다(de Bruin & Jelinčić, 2016).

IV. 책임관광(RT)으로서의 대안관광

관광을 관광객이 일상으로부터 일탈하는 것이라고 보는 기존의 대중관광은 사실상 관광객에게 일상의 과제에 대해 책임질 필요가 없는 공간을 만들어 제공하고자 하는 것과 다름없다(김난영, 2010 : 6). 이에 반해 대안관광은 관광을 통해 책임 의식을 절감하거나 그 책임을 다하고자 노력하는 가운데 책임 의식에 따르는 부담을 덜고 그 결과 오히려 기분 좋아지고자 하는 데에 목적을 둔다. 전자가 이기주의의 발로라고 한다면 후자는 이타주의의 결과물인 셈이다. 그런데 그 책임의 내용이 무엇이냐에 따라서는 사회책임관광, 윤리관광, 가치창출관광으로 구분해 볼 수 있다.

1. 사회책임관광

관광을 통해 사회문제에 대한 공동의 책임을 다하고자 하는 경우이다. 이는 마치 경제활동에서 자본의 사회책임을 주문하거나 윤리 경제(compassionate economy)를 강조하려는 것과 유사하다. 연민 어린 경제나 사회적 기업이 경제활동이 추구하는 이기주의와 사회적인 책임에 따르는 이타주의를 융합하려는 것과 같이 관광이 제공하는 심미주의 차원의 이기주의와 사회공동체에 대한 책임 의식에서 비롯되는 이타주의를 혼합하자는 것이다. 이때 사회책임을 관광의 목푯값으로 정하느냐 아니면 도구적 가치로 삼느냐에 따라 적극적 사회책임과 소극적 사회책임으로 구분해 볼 수 있다.

관광을 통해 보다 적극적으로 사회책임을 구현하고자 하는 경우는 사회책임 구현을 관광의 궁극적인 목표로 삼는 경우이다. 사회혁신관광이라고 말할 수 있다. 아시아 태평양 YMCA 연맹이 주관하는 지구대안관광네트워크(GATN: Global Alternative Tourism Network)가 관광을 통해 방문지 지역사회의 사회개혁을 위해 다양한 형태의 사회운동을 펼치고자 하는 데에서 확인된다. 이 경우 관광에의 참여는 도덕적 가치를 창조하는 일이 되며 사회적으로는 혁신성 있는 대안을 모색하기 위한 적극적인 노력의 한 양식으로 간주된다. 여행을 통해 지구공동체가 당면한 문제에 눈 뜨고 이에 대처해 나가기 위한 지구 시민 양성을 목표로 운영되는 올린 대학교(Olin college)의 지구 연수 프로그램 같은 것도 여기에 해당된다. 한국의 환경재단이 그린보트를 통해 평화와 환경에 대한 사회적인 경각심을 높이고자 하는 것도 같다.

관광 자체가 사회공동체의 확대 재생산 문제를 염두에 두는 가운데 운행되어야 한다고 보는 경우는 소극적 사회책임관광에 해당된다. 관광의 전개 과정이 자연 생태환경을 훼손하지 않도록 한다거나 지역사회 공동체의 지속가능성을 염두에 두고 나아가 그런 양식의 관광이 지속가능하도록 유념하는 가운데 운영되어야 한다고 보는 경우도 여기에 해당된다. 생태관광, 지속가능관광, 지역사회관광 등에서 흔히 볼 수 있다. 이는 주로 관광 자체가 사회공동체의 유익을 침해하지 않는 양식으로 운영되어야 한다는 입장에 서 있다.

그런데 이때의 사회책임은 사회구조적, 경제적, 환경적 변인에 의해 구성되는 것으로 이해된다. 사회책임관광에 대한 논의의 초기 단계에서는 주로 적극적 사회책임에 주목함으로써 사회구조와 경제적 변인에 강조점을 두다가 점차 소극적 사회책임을 중심으로 하는 환경적 변인에 주안점을 두는 방향으로 변화해 왔다. 오늘날은 이들 변인들 사이의 역동적 균형 모색에서 사회책임을 구하고자 하는 것이 보통이다(Fons et al, 2011). 그러나 아직 그 역동적 균형 모색 과정의 메커니즘이 체계적으로 규명되어 있는 것은 아니어서 불분명한 상태로 남아 있다(Paskova & Zelenka,

2019: 536). 다만 인식론적 프레임 차원에서는 흔히 DPSIR(Driving force, Pressure, State, Impact and Response)을 통해 관광이 생태환경에 영향을 미치는 메커니즘을 설명하고자 한다(Gari et al, 2015). 이는 인간이 환경에 미치는 영향요인을 인과관계를 통해 설명하려는 것이다. 인간의 필요에 따라 사회공동체가 배출하는 유발요인(driving force)에 따라 온실가스, 소음, 분진 같은 압력(pressure) 현상이 유발되며, 이는 공기나 물의 오염, 식품 체인의 변형, 식물이나 동물 종의 변화 같이 측정 가능한 형태의 상황(state) 변화를 낳고, 그 결과 지구촌 생태계의 운영 양식이나 삶의 방식에 영향(impact)을 미치게 되며, 이에 대응해 압력을 줄이기 위한 조치(response)로 자동차 운행 규제나 유휴경작제 같은 법률이나 정책의 개폐를 불러오게 된다는 것이다, 대안관광이 그런 조치 가운데 하나일 것은 물론이다.

2. 윤리관광

관광을 통해 윤리적 가치를 생산, 추가하고자 한다. 기존의 대중관광이 이기주의의 산물이라면 윤리관광은 이기주의를 최소화하거나 극복하는 가운데 이타주의의 구현에 보다 더 큰 목적을 두는 관광이다. 대중관광에 내포되어 있는 인간성 함몰에 저항하면서 관광을 통해 윤리적 가치를 창출하고 그런 가치 생산을 통해 인간성을 회복해 보려는 것이다. 바로 이 점에서 다른 관광과 차별화된다. 그렇기 때문에 관광 브랜드화 작업의 한 양식이라고도 평가된다. 이타적 헌신 자체를 관광의 목적으로 삼고자 한다는 점에서 다른 유형의 책임관광과 구분된다. 이때 이타주의를 윤리와 도덕이라는 상대적으로 제한된 개념으로 보느냐 아니면 보다 더 적극적인 개념으로 보느냐에 따라 윤리관광과 영성관광으로 나누어 볼 수 있다.

전자의 경우는 장애인을 위해 관광 프로그램을 개발하거나 방문지 지역사회에 자선활동을 펼치기 위해 관광에 나서는 것과 같이 관광의 목표 자체를 적극적으로 윤리 차원의 가치를 구현하고자 하는 데에 둔다. 또한 관광을 수행하는 과정에서의 윤리적, 도덕적 가치를 지키려는 경우도 윤리관광에 해당된다. 이들은 모두 사회책임을 도덕적, 윤리적 과제로 좁혀 인식하는 경우에 해당된다. 따라서 책임관광과 윤리관광을 동의어로 다루는 것이 보통이다(Mokoena, 2019: 3). 나아가 관광의 지속가능성과 연계해서 다루는 경우도 같다. 카루아나 등(Caruana et al, 2014: 115)은 윤리관광을 방문지 지역사회를 이롭게 하고 방문지 환경에 미치는 부정적 영향을 최소화하려는 관광객과 방문지 지역사회 사이에서 벌어지는 상호작용이라고 규정한 바 있다. 요컨대 환경친화적인 관광이 그의 구체적인 표현 양식 가운데 하나인 것이다.

반면에 도덕성과 윤리성을 보다 적극적으로 구현하고자 하는 것이 영적 성찰이라고 한다면 윤리관광의 최고점에는 일종의 종교적 의지를 실현하려는 영성관광(spiritual tourism)이 자리한다. 이런 영성관광은 기본적으로 관광객이나 방문지 지역사회가 추구하는 목적 가치가 관광상품 자체가 아니라 그것이 지향하는 어떤 정신에 의해 충족된다고 보려는 특성을 지녔다. 바로 그 점에서 여타의 관광과 근본적인 성격을 달리한다(UNWTO, 2005). 그런데 이때의 영성은 이를 이해하는 사람의 종교, 철학, 문화적 배경 등에 따라 실로 다양한 의미를 함축한다. 따라서 영성관광이 무엇이냐에 대해서는 어떤 정련된 개념으로 이를 규정하기가 쉽지 않다. 다만 영적 구원의 포괄성 내지는 특정성 또는 폐쇄성 정도에 따라 대체로 영성관광(spiritual tourism), 종교관광(religious tourism), 뉴에이지관광(New Age tourism)으로 구분해 볼 수 있다(Olsen, 2014: 35-38).

영성관광은 영적 체험을 통해 자신을 재발견하고자 하는 데에 목적을 두는 여행을 포괄적으로 의미한다. 전쟁유공자 기념관이나 묘지 또는 위대한 인물의 생가같이 영적 의미가 서려 있다고 믿어지거나 영적 체험이 가능하다고 생각되는 세속적인 장소를 방문하거나 경외심이 이는 자연 풍광을 관조하고자 하는 데에서 발견된다. 역사적으로는 신앙의 유적지를 방문하는 순례 여행(pilgrimage)에서 그 유래를 찾아볼 수 있다. 자아의 발견을 통해 자신의 육체적, 감정적, 영적 성장을 도모한다는 점에서 캐나다 원주민의 토착 신앙같이 자신과 문화적 배경을 달리하는 종교 예식을 체험해 보려는 것도 같다. 반면에 종교관광은 어떤 특정의 신앙공동체가 신봉하는 믿음이나 담론, 예식을 거행하는 가운데 자신의 내적 성장을 찾고자 하는 데에 목적을 두는 여행을 말한다. 특정의 신앙공동체 관련 단체가 관광 일정을 조직하고 관리하며 당해 종교지도자가 기도하는 가운데 진행되는 등의 양식을 취하는 것이 보통이다. 그런데 뉴에이지관광은 자신이 믿어온 종교나 철학과는 다른 유형의 영적 체험을 통해 자신의 내면의 세계를 찾고자 한다. 비현실적이고 현세 초월적인 영험을 찾거나 신비한 효험을 지녔다고 생각되는 고대 문명이나 치유의 수정(crystal), 명상 체험지 등을 찾아 떠나는 경우가 여기에 해당된다. 윤리관광의 한계 영역으로 간주된다.

3. 가치창출관광

가치에 대한 가장 고전적인 연구 가운데 하나는 아리스토텔레스가 사용 가치(use value)와 교환 가치(exchange value)로 구분한 데에서 찾아볼 수 있다. 보우만과 암브로시니(Bowman & Ambrosini, 2000)도 같은 관점에서 어떤 산출물의 소비자가 주관적으로 평가하는 유용성과 구매자가 자신의 판단에 따라 교환의 매개장치인 화폐로 표시하려는 가치로 구별한 바 있다. 전자가 소유자의 인지적, 비가축적, 주관적 차원에서 포착되는 가치라면 후자는 구체적, 가축적, 객관적 차원에서 파악되는 가치인 셈이다. 그런데 관광과의 관계에서는 가치를 흔히 기능적, 쾌락적, 사회적 영역으로 나누어 다룬다(Sheth & Uslay, 2007). 이때 기능적 가치가 어떤 대안의 인지적, 실용적 유용성을 말한다면, 쾌락적 가치는 사고나 판단의 차원이 아니라 감성적 차원에서 포착되는 가치로 이해된다. 반면에 사회적 가치는 객관적, 사회적 영향에 의해 빚어지는 사회적 태도에 따라 결정되는 것으로 평가된다. 따라서 기능적 가치가 사용 가치와 연동한다면 사회적 가치는 교환 가치와 연계되는 셈이다.

그런데 책임관광은 관광을 통해 사회책임 의식이나 도덕적, 윤리적 가치에 대한 믿음이 추가적으로 생겨난다는 것과 다름없다. 다만 이때의 새로운 가치는 개인의 심리적 차원에서 주관주의적으로 인식되는 경우와 사회구조적 차원에서 객관적으로 확인되는 경우로 나누어 볼 수 있다. 전자는 관광객이 이타적 동기에서 방문지 지역사회에서 영위되는 공동체적인 삶의 질적 수준을 높이기 위해 지역사회 구성원들과 상호 협력하는 과정에서 지식이나 기술의 습득이 일어나며 서로에 대한 믿음이나 공동체 정신이 생성되고 그 결과 세상을 바라보는 긍정적 시각같이 인지적 차원에서 새로운 사용 가치가 생성되는 경우를 말한다. 이때 관광은 심리적 가치창출의 기재로 작동하는 셈이다.

후자는 주로 관광의 공급자 내지는 기획자가 파악하는 가치의 창출

현상이다. 관광을 통해 더 나은 삶을 위한 방문지 지역사회의 능력이 개발되거나 사회경제적 유익이 증대되고 자연자원의 관리 양식이 개선된다면 그 과정에서 객관적으로 측정 가능한 새로운 교환 가치가 창출되었음을 뜻한다. 생태관광, 지속가능관광, 지역사회 기반 관광 등의 운영 결과 관련 방문지 지역사회에 경제, 사회, 문화적으로 구조적인 변화가 일어났을 경우 새로운 교환 가치가 창출되었다고 보게 되는 이유이다.

그리고 이런 가치들이 관광객 자신이나 관광의 매개기관 내지는 방문지 지역사회에 의해 일방적으로 형성되는 것이 아니라 이런 이해관계자들 사이의 상호작용을 통해 구축된다고 본다는 점에서는 가치의 공동창조(co-creation)가 이루어졌음을 뜻한다. 이렇듯 가치의 공동창조가 이루어지는 과정에서 관련 이해당사자들이 참여체험을 경험하는 데에 목적을 두는 관광이 참여체험관광인 셈이다.

V. 참여체험관광(PET)으로서의 대안관광[2]

기존의 대중관광이 관광을 방문지의 풍광이나 이국적 풍물을 응시하는 일이라고 본다면, 참여체험관광은 관광객이 적극적인 참여를 통해 자신의 체험에 새로운 가치를 추가하자는 것(de Bruin & Jelinčić, 2016: 61)으로 이해된다. 그런데 대부분의 대안관광은 관광객 자신의 직접적인 참여를 통해 경험을 생산하자는 것임으로 참여체험관광에 해당된다. 이때 관광은 관광 프로그램의 사전 단계, 진행 단계, 사후 단계에 걸쳐 일어난다.

---

2) de Bruin & Jelinčić(2016)을 주로 참조했다.

이 점을 감안해 보면 참여체험관광은 관광 이해관계자들에 의한 참여, 참여에 의한 체험, 체험을 통한 영향의 발생, 영향에 따른 학습 과정으로 구분해 볼 수 있다. 따라서 참여관광, 체험관광, 영향관광, 학습관광으로 구분해서 다루어 볼 수 있게 된다.

1. 참여관광

관광객이 관광 프로그램에 참여하여 다양한 양식의 경험을 획득하는 데에 목적을 두는 관광을 일컫는다. 그렇지만 관광 프로그램의 기획, 집행, 사후 평가의 전 과정에 걸쳐 방문지 지역사회의 지역주민이 공동생산자로 간여하는 특성을 지녔다. 이 경우 지역주민과 관광객 사이에서 역동적인 상호작용과 의사소통이 이루어지면서 일종의 거버넌스 양식을 취하게 된다. 이런 과정을 통해 방문지 지역사회의 개발과 협력에 나서는 경우에는 매우 동태적인 정치과정을 겪게 된다. 이는 바로 지역사회기반 관광(CBT: Community-based Tourism)이 지향하는 바이다. 관광의 이해관계자들이 자신들의 문제에 직접 간여한다는 점에서 민주주의의 철학적 원리에 충실하고자 하는 것이지만 다른 한편에서 보면 방문지 지역주민의 사회경제적 수요와 여망에 보다 더 상합하는 사회개혁 프로그램 개발이 가능해진다는 뜻이다. 이를 관광객과 방문지 지역주민의 입장에서 보면 자신의 판단과 선택에 따라 관광 프로그램을 디자인할 수 있게 된다는 의미이다. 관광의 피동적 존재가 아니라 주동적인 고안자가 되는 것이다. 다른 사람에 의해 만들어진 외발성 프레임을 수동적으로 수용하는 것이 아니라 능동적 주체로서 창조적인 대응에 나선다는 뜻이다.

2. 체험관광

관광의 전 과정에서 능동적인 참여를 통해 자신의 경험을 주도하는 경우 다양한 형태의 지식과 기술을 습득하게 된다. 나아가 그 과정에서 체험을 통한 자기 변화를 겪게 된다. 감성적 만족이나 기억에 남는 추억 또는 새로운 깨달음에 이르는 등의 영향을 받게 되는 것이다. 새로운 경험의 창조가 일어난다고 할 수 있다. 여행경력패턴이론에 따르면 관광 경험이 많을수록 직접 체험과 그에 따른 학습 성과를 선호하는 경향이 있다고 한다. "진지한 여가 활동(serious leisure)"이 이루어지는 것이다. 이 경우 체험을 통한 자기 변화나 기억 자체가 관광 상품이 되는 셈이다. 관광객의 입장에서 보면 자신만이 겪는 유일하고, 예외적이며, 비일상적이고, 가슴 뭉클한 경험을 체험한다. 그 과정에서 새로운 지식과 정보의 획득을 통한 문화자본을 축적하는 결과를 낳는다. "체험을 통한 학습(learning by experiencing)" 이 이루어지는 것이다. 관광의 공급자 입장에서도 개인의 독특한 체험을 디자인하는 과정에 간여한다는 의미에서 새로운 경험을 하게 된다. 따라서 얼마나 관광객의 주동성을 강조하고 주목하느냐가 체험관광의 결정변수인 셈이다. 내용 면에서 보면 참여와 영향성 발현 사이의 중간단계로 평가해 볼 수 있다.

3. 영향관광

관광을 관광 이해관계자들에게 경제적, 사회적, 심리적 영향을 미치는 과정으로 이해하고자 한다. 이때 관광의 목적 자체가 적극적으로 또는 능동적으로 어떤 변화나 영향을 미치기 위한 것이냐 아니면 소극적, 수동적으로 관광의 도구적 차원에서 변화를 주려는 것이냐에 따라 능동적 영향성 관광과 수동적 영향성 관광으로 구분해 볼 수 있다.

능동적 영향성 관광은 관광의 일차적인 목적 자체가 어떤 변화를 추구하는 데에 있다. 이는 다시 거시적 과제에 주목하느냐 미시적 과제에 주력하느냐에 따라 거시적 영향성 관광과 미시적 영향성 관광으로 구분해 볼 수 있다. 전자는 주로 어떤 사회의 구조에 영향을 미치고자 하는 경우이다. 관광을 통해 보다 적극적으로 환경, 생태, 복지, 건강, 인권 등 다양한 분야에서의 사회책임을 다하고자 하는 과정에서 주로 발현된다. 대안관광이 방문지 사회의 변화를 위해 적극적으로 사회운동에 나서고자 하는 경우 그것을 통해 지역사회에 변화를 불러오자는 것이고 이는 지역사회에 영향을 미치자는 것과 다름없는 일이다. 반면에 관광객 내면의 세계에 영향을 미쳐 자기 성찰이나 심리적인 힐링이 일어나도록 하려는 경우는 미시적 차원의 변화에 주목한 결과이다. 모든 유형의 체험이 학습으로 이어지기 전 단계에서는 바로 이런 유형의 미시적 영향성의 창조가 발현되는 것이라고 말할 수 있다.

상대적으로 수동적인 영향을 미치는 것으로는 관광 과정에서 야기되는 부정적인 영향력을 최소화하려는 경우이다. 관광의 도구적 차원에 영향을 미치자는 것이다. 예를 들자면 녹색관광(green tourism), 자연기반관광(nature-based tourism), 생태관광(eco-tourism) 등은 관광의 궁극적인 또는 일차적인 목표를 어떤 것에 두든 관광으로 인한 환경오염을 최소화하는 양식으로 관광을 진행하자는 데에 주안점을 두고자 한다. 이는 기존의 대중관광 과정에서 적지 않은 생태교란이나 환경파괴가 일어난다고 보고 여기에 영향을 미쳐 그런 역기능을 최소화하는 대안을 창의적으로 모색하자는 것이다. 수동적 변화 또는 이차적인 영향성 발현에 주목하고자 하는 셈이다.

4. 학습관광

관광을 통해 결과적으로 관광객 자신의 내면의 세계에서 잠재력 개발이 이루어지도록 하는 데에 목적을 두고자 하는 경우이다. 참여나 체험 같은 활동을 통해 지식이나 기술의 습득이 이루어지고 그 결과 새로운 가치가 추가 또는 창조되는 현상을 학습이라고 한다면 관광을 통해 그런 자기 성장을 이루고자 하는 경우이다. 다만 그런 변화와 성장이 결과적 소산 내지는 이차적 영향성이냐 아니면 그것 자체를 일차적 목표로 삼느냐에 따라 학습관광과 교육관광으로 구분해 볼 수 있다.

거의 모든 후기 근대의 대안관광은 궁극적으로 어떤 형태로든 전자에 속한다. 관광에의 참여로 인해 다양한 체험을 하게 되고 그 결과 어떤 변화가 일어나게 되며 그 변화의 영향성으로 인해 기존에 자신이 가지고 있었던 세계관이나 가치에 조정이 일어날 것은 당연한 이치이기 때문이다. 그런 가치 교정이 자신의 성장으로 이어지려면 자기 성찰이 일어나고 이 과정에서 새로운 가치가 창출된다는 점에서는 가치 창조관광이라고도 말할 수 있다.

반면에 후자는 학습 자체를 목표로 삼는 경우다. 올린 대학교의 프로그램처럼 지구시민교육을 실시하기 위해 대학의 정규 프로그램에 해외여행을 두고 이를 통해 지구촌의 현실을 이해시키고 다문화에 대한 관용성 정도를 높이고자 하는 데에서 찾아볼 수 있다. 지역사회 개발을 위해 지역사회 개발 전문가들과 여행하면서 개발 프로그램을 디자인하도록 하는 교과과정의 경우도 같다. 관광을 학교 교육이 실시되는 교실의 하나로 이해하는 셈이다.

VI. 결론

지금까지 NGO가 주동해 온 대안관광은 후기 근대의 프레임을 따르는 관광 가운데에서도 주로 "창조성에 의한 관광"에 주력해 온 것이 대부분이었다. 반면에 "창조성의 관광 대상화"에 대해서는 상대적으로 소홀히 다루어 왔다. 이는 NGO가 주도하는 대안관광이 주로 관광객 개개인의 내면의 세계에 주목하면서 관광산업으로서의 대안관광에 대해서는 균형 있게 천착하지 않았다는 얘기이다. 이 점은 특히 창조성의 관광 대상화가 창조경제의 중요한 도구라는 점에서 볼 때, 앞으로 보완되어야 할 과제 가운데 하나로 여겨진다. 대안관광은 방문지 지역사회에서의 가치창출이나 사회변화만을 목적으로 삼고자 하는 것이 아니라 출발지 사회의 유익을 도모하는 일에 대해서도 유의해야 마땅한 일이다. 그렇지만 지금까지 NGO가 다루어온 대안관광은 이 점에 대해서는 크게 주목하지 않았다. 대안관광이 기본적으로 관광객 개개인의 내면의 세계에 주목하는 특성을 지니는 것이 사실이고 또 후기 근대에서는 이런 관점의 비중이 매우 큰 것도 사실이기는 하지만, 그렇다고 해서 대안관광을 그것이 놓여 있는 사회와의 관계에서 하나의 산업으로 접근하지 말아야 할 이유는 없다. 더군다나 제4차 산업혁명 시대에 들어서면서 관행적인 생산양식에 기초한 경제활동이 더 이상 범지구적인 경쟁력을 유지하기 어렵게 되었다는 점에 착안해 보면, 창조산업으로서의 창조관광이 시사하는 사회경제적 함의는 결코 작지 않다. 이런 관점의 연장선상에서 볼 때 대안관광의 프로그램 가운데 문화, 예술, IT 기술과의 연계관광이나 창작체험관광 같은 특수목적 관광을 개발하는 일에 보다 더 유의해야 할 필요성이 배가된다.

NGO가 주관하는 대안관광이 다른 관행적인 대안관광과 크게 다른 점 가운데 하나는 사회혁신관광에 주목한다는 데에 있다. 그러나 NGO가 주관하는 대안관광을 운영하는 과정에서 과연 이 점이 체계적으로 강조되고 있는지에 대해서는 보다 더 분석적인 평가를 필요로 한다. 지금보다는 훨씬 더 방문지 지역사회에 대한 헌신과 기여에 대해 체계적으로 주문하고 평가할 필요성이 있음을 뜻한다. 대안관광의 프로그램을 운영하는 과정에서 추구하는 소극적 사회책임 구현에 있어서도 거의 유일하게 강조하는 분야는 환경보전과 생태교란 방지 같은 유형의 특수목적 관광의 경우이다. 이를 통해 지구 기후 변화와 탄소가스(CO2) 배출 감소의 문제가 주로 다루어진다. 그 외에도 지역경제의 대외 의존성, 사회적 약자의 착취, 빈곤 같은 과제들이 있지만 이에 대한 과제를 다루는 특수목적 관광에 대해서는 상대적으로 낮은 수준의 관심을 보여주고 있다. 앞으로 시정되어야 마땅한 과제로 여겨진다.

여기에 더해 소극적 사회책임 문제를 다루는 특수목적 관광에 있어서도 도덕적, 윤리적 과제보다는 사회구조적 과제에 비중을 두려는 경향이 우세하다. 그러나 NGO가 공익지향적이라는 점과 후기 근대가 기본적으로 가치지향적인 사회로 변모해 나가지 않을 수 없다는 점에서 보면 대안관광의 윤리적, 도덕적 소명에 대한 과제에 보다 더 주목할 필요성이 있다. 같은 이유로 영성관광에 대한 관심도 높여야 할 필요성이 적지 않다. 성지순례를 비롯한 필그림 관광 프로그램 같은 특수목적 관광의 개발에 보다 더 유의하자는 것이다. 가치창출 면에서는 관광객의 내적,

심리적 차원에서의 가치창출에 대해서는 상대적으로 그 중요성을 잘 인식하면서도 사회적 가치의 창출 문제에 대해서는 규범적, 당위적 차원의 인식은 있지만 이를 관광 프로그램의 집행 과정에서 구체화하고 성과측정하려는 등 보다 적극적이고 구체적이며 실질적인 차원에서의 접근 시도는 그리 많지 않다.

대안관광의 핵심적인 특징 가운데 하나가 참여라는 데에 이론을 제기할 사람은 많지 않다. 아니 대안관광 자체가 참여를 통한 체험의 획득에 방점을 두는 특수목적 관광 가운데 하나라고 해야 할 만큼 그의 비중이 크다. 그러나 관광 프로그램 자체의 디자인에 관광객이나 방문지 지역사회의 지역주민이 참여하는 정도는 그리 크지 않다. 대부분의 경우가 대안관광을 중개하는 지역 NGO에 의해 고안되고 중개되며 집행되는 것이 보통이다. 그런 점에서 대안관광 고유의 목적성 구현이 크게 제약되어 있다고 해도 과언이 아니다. 그만큼 체험에 따른 영향성이나 학습의 성과도 제한적일 수밖에 없다. 특히 평가단계에서는 두말할 필요도 없다. 참여의 공간을 관광의 전 단계로 확장하려는 노력이 필요한 이유이다.

관광 프로그램의 체험에 따른 영향성 창출에 있어서도 오히려 환경오염이나 생태교란 같은 소극적 영향에 대해서는 상대적으로 관심이 높은 반면 거시적 영향성에 대한 논의는 아직 구체적이지 않다, 대안관광이 지역사회에 미치는 영향에 대해서는 이를 막연히 규범적, 당위적 차원에서 다루고 있을 뿐 보다 구체적이고 체계적인 양식에 의해 접근하려는 노력은 아직 부족하다. 학습에 있어서도 상황은 같다. 대안관광에서는 교육관광에 대한 배려가 결코 크다고 할 수 없다. 많은 대안관광 프로그램이 NGO에 의해 고안되고 NGO의 네트워크를 통해 운영되고 있는 것이 사실이기는 하지만 프로그램의 기획과 운영 과정에서 지금보다는 훨씬 더 관련 지역사회와의 연계와 협력을 강화해야 할 필요성이 제기되어 있다. 청년운동을 지향하는 NGO의 경우에는 관련 지역사회의 대학과 연계하여 프로그램을 개발하는 문제도 검토해 볼 만한 과제이다.

종합해 보면 현재의 대안관광이 지니고 있는 가장 큰 문제 가운데 하나는 대안관광이 방문지 지역사회의 변화와 혁신을 추동하는 데에 우선적인 목표를 두는 특수목적 관광을 지향하는 경우에도 대안관광 자체를 관련 지역사회와의 관계에서 인식하는 맥락적 관점의 접근전략은 아직 충분치 않다는 점이다. 사실 대안관광의 기능적 프레임을 지역사회 공동체와의 관계에서 조망해 보면, 대안관광은 개인의 심미주의적 유희를 한 축으로 하고 다른 한쪽에는 사회공동체 내지는 국가의 유익을 증대하고자 하는 공동의 노력을 다른 축으로 하는 편광기(prism)의 한가운데에 위치한다고 말할 수 있다[3]. 개인의 심미주의 추구는 대중관광을 비롯한 모든 관광에 내포되어 있는 특성 가운데 하나이다. 그러나 그렇듯 오로지 이기주의적 가치에 함몰되는 대중관광에 대한 반동으로 사회공동체의 유익에도 유의하고자 하는 것이 바로 대안관광이다. 그 가운데에서도 NGO가 주도하는 대안관광은 보다 더 적극적으로 방문지 지역사회의 유익을 증대하는 일에 주안점을 두고자 한다.

그런데 대안관광의 바로 이런 특성을 방문지 지역사회와의 관계에서 주목해 보면 대안관광은 일종의 개발협력 양식 가운데 하나라고도 말할 수 있다. 특히 최근의 개발협력이 과거와는 달리 국가중심주의에서

---

3) de Bruin & Jelinčić(2016: 58)은 최근 사회 모든 분야에서 개인의 이익추구에서 사회문제의식 내지는 사회책임 쪽으로 관심의 초점이 이동하는 경향성이 있다고 보았다.

벗어나 국제 NGO 중심으로 전환하고 있다는 점에 착안해 보면 NGO가 주관하는 대안관광이야말로 제3세계를 상대로 가장 실천적인 호소력을 가지고 전개되는 개발협력의 한 양식이라고까지 말할 수 있다. 그런데 개발협력이 종당에는 공여국 국민을 수원국 국민으로 하여금 매력적으로 인식하도록 만들고자 하는 시민외교의 성격을 지녔다는 점에서 보면 대안관광은 시민외교의 한 양식이라고도 말할 수 있다. 한 나라의 소프트 파워를 강화하는 수단으로써의 의의도 지닌다는 뜻이다. 따라서 대안관광은 단순한 특수목적 관광에서 시작해서 시민외교에 이르는 편광기를 내포적 특징으로 삼는 프레임 위에 구축되어 있는 셈이다. 이는 모두 대안관광이 지역사회와의 관계에서 구상되고 또 작동한다는 것과 다름없는 일이기도 하다.

이렇듯 대안관광은 관련 지역사회 공동체와의 관계 속에서 관광을 이해하려는 특성을 지녔다. 그런데 관광을 이렇게 지역사회 공동체와의 맥락적 관계 속에서 이해하고 그에 따라 구체화하기 위해서는 당연히 관련 지역에 시민사회가 활성화되어 있어야 한다. 그래야 대안관광과 관련 지역사회 공동체가 네트워크로 연결되며 자발적 참여를 통해 거버넌스 양식으로 운영될 수 있을 것이기 때문이다. 이는 대안관광이 방문지 지역사회의 개혁과 변화를 위해 자발적으로 헌신하고자 하는 것이라는 점에서 방문지 지역에 진정한 의미의 시민사회를 정착, 발전시키자는 것이지만 이를 위해서는 방문지 지역사회는 물론 출발지 지역사회에 시민사회가 활성화되어 있어야 한다는 모순적 과제에 봉착한다는 것을 뜻한다. 대안관광이 관련 지역사회의 사회공동체 건설 문제와 관련하여 지그재그(zigzag)적이고 따라서 점진주의적인 발전전략을 채택해야 하는 이유이다.

아울러 NGO에 의한 대안관광은 방문지 지역사회의 혁신과 변화를 위해 사회운동을 주동하고자 고안되는 것이 보통이지만, 이때 대안관광이 방문지 지역사회에 구현하고자 하는 혁신과 변화가 구체적으로 무엇을 뜻하는 것인지에 대해서는 아직 체계적인 논의가 부족하다. 방문지 지역주민이 원하는 사회의 건설을 겨냥하는 것이라고 한다면 이는 당연히 시민사회의 건설에 초점이 맞추어져야 한다. 가장 민주적인 사회공동체야말로 주민 개개인의 민복을 평등하게 보장해주는 장치일 것이고, 그렇기 때문에 가장 실현 가능성이 높은 과제이기도 할 것이기 때문이다. 그뿐만이 아니다. 우선 방문지 지역사회의 지역주민이 대안관광의 기획, 집행, 평가의 전 과정에 적극적으로 참여하기 위해서도 방문지 지역사회에 시민사회가 활성화되어 있어야 한다. 그래야 지역주민의 주동적인 참여가 가능할 것이고 무엇보다도 민주적 질서에 의한 평등 참여가 가능할 것이기 때문이다. 지역주민의 참여가 이미 그 지역사회에 구축되어 있는 기득권을 중심으로 "기울어진 운동장"의 양식을 취한다면 이는 결코 지역공동체 발전을 위한 자기 학습이나 가치창출로 연계될 수 없는 일이다. 이는 출발지 지역사회에서도 같다. 민주적 시민의식이 발양되어 있지 않은 사회에서 다른 나라의 지역사회 공동체의 발전을 위해 헌신하고자 하는 동기가 유발되기는 어려울 것이기 때문이다. 대안관광이 출발지 지역사회의 창조경제에 기여하기 위해서도 출발지 지역사회의 시민사회가 활성화되어 있어야 할 것은 물론이다. 창조경제의 한 양식으로 간주되는 창조관광 프로그램이 개발되기 위해서는[4] 시민참여가 전제되

---

4) 창조관광을 후기 근대의 주류 산업인 창조경제의 핵심 요소 가운데 하나라고 보는 시각에 대해서는 de Bruin & Jelinčić(2016: 57)을 참조하기 바란다.

어야 하기 때문이다. 창조성은 외발적으로 누구에게서 주어지는 것이 아니라 주민 스스로가 주도적으로 체험하고 판단할 때 빚어지는 성질을 지녔다.

문제는 무엇을 시민사회가 활성화하기 위한 전제 조건으로 보느냐에 있다. 고전적인 발전론자들은 이를 경제발전에서 찾고자 했다. 경제성장 제일주의나 경제적 빈곤의 타파에 개발협력의 초점을 맞추었던 이유이다. 이런 관점의 대칭점에서 종속이론가들은 제3세계의 저발전을 강제하는 세계경제체계의 개편 없이 제3세계의 발전을 견인하는 일은 불가능하다고 보았다. 그러나 이런 거시적이고 구조적인 차원에서 접근하는 경우에는 개별 국가의 특성과 시대적인 요구를 반영하지 못한다는 반성과 함께 사람에게서 문제의 해답을 찾고자 하는 것이 최근의 경향이다. 이는 후기 근대의 도래와 더불어 세상을 바라보는 관점의 변화가 불러온 결과이기도 하다. 구조나 체계 같은 객관적 현실의 실존이 아니라 개개인의 내면의 세계에서 빚어지는 주관주의적인 판단과 성찰이 관건이라고 보기 때문이다. 저발전은 가난 같은 물질적 자원의 결핍 때문이 아니라 인간의 내면의 세계를 지배하는 권력적 불평등 때문이라고 보기 시작한 것이다. 이를 극복하기 위해서는 개개인의 역량 강화(empowerment)가 관건이라고 보게 되었다.

따라서 이제 대안관광은 방문지 지역주민의 역량 강화를 위해 헌신하고자 하는 자발적 노력의 한 양식이 되어야 마땅한 때가 되었다. 지역주민의 역량 강화가 대안관광의 실천적 목표가 되어야 한다는 뜻이다. 그러나 대안관광이 제대로 그런 목표를 달성하기 위해서는 관련 이해관계자들의 역량이 강화되어 있어야 한다는 한계에 봉착한다. 그런 점에서는 역량 강화가 대안관광의 전제조건인 셈이다. 이런 관점의 연장선상에서 보면 역량 강화는 대안관광의 운영을 위한 수단적 방편이기도 한 것이다. 그런데 역량 강화는 제도 차원에서 의사결정권을 이양함으로써 외부로부터의 억압이나 제약을 제거하는 데에서 회복되기도 하지만 보다 본질적으로는 개인의 동기유발이나 자긍심 확보, 사회구성원 간의 긴밀성 제고, 집단 차원의 연계성이나 협동성 강화를 통해 구현된다. 이를 위해서는 지속적인 시민사회교육이 요구될 것은 당연한 이치이다. 그런데 많은 시민사회운동형 NGO들은 오랫동안 지역사회 공동체 개발을 위한 시민사회교육을 주도해 왔다. 이 분야에 대한 문제해결 경험과 지혜(know-how) 그리고 매몰비용(sunken cost)이 축적되어 있다. 지역 NGO 간의 교류와 협력을 통한 연대의 구축 자체가 지역주민에 대한 시민사회교육 효과를 불러오는 첩경이라는 평가도 가능하다. 대안관광을 NGO가 주도해 나가야 하는 이유이다. 그러나 지금보다는 훨씬 더 확장된 시각과 문제의식 내지는 경각심을 가지고 접근해야 한다는 과제에 당면해 있다.

제5장

지속가능관광과 관광 거버넌스

I. 서론

대안관광의 한 양식인 지속가능관광(ST: Sustainable Tourism)과 책임관광(RT: Responsible Tourism)에 대한 사회적인 관심이 높다. 대중관광이 확산되면서 그에 따른 환경오염과 생태교란에 대한 우려가 커진 탓이다. 사실 대중관광은 대량생산, 대량소비를 특징으로 하는 포디즘의 프레임에 따라 자유시장경제체제의 한 양식으로 고안되었다. 그런데 대량생산과 대량소비의 토대가 되는 자유시장경제체제는 사적 소유수가 특성되어 있지 않은 자연자원을 마치 무제한 공급이 가능한 생산재처럼 취급하는 오류를 범했다. 이로 인해 자연자원의 가격을 결정하는 교환의 체계가 작동하지 않게 되었을 것은 물론이다(Mihalic, 2016 : 466). 자연자원의 과소비를 통한 환경오염과 생태파괴가 확산되는 구조적인 이유이다. 여기에 더해 환경자원의 중요성에 대한 인식의 결여나 정보의 부족이 그런 근대적 양식의 생산 활동을 방치하거나 재촉하는 또 다른 차원의 원인으로 작용했다.

이런 자연자원의 과소비로 인해 발생하는 환경오염과 그에 따른 기후변화가 관광 자체의 지속가능성을 위협할 것은 당연한 이치이다. 자연풍광의 훼손이나 악천후, 가뭄, 해일, 토양의 유실, 천년설의 해빙 등이 관광에 부정적인 영향을 미친다. 방문지의 매력 같은 관광 유인 요소가 줄어들거나 방문지로 향하는 여행 자체가 어렵게 되기 때문이다. 이렇듯 관광의 지속가능성이 위협받는 경우, 관광 수입에 대한 경제적인 의존도가 높은 저개발국가에서는 가난의 극복이나 생명체 유지에 필요한 기초 영양분 공급 같은 인간의 기본권 유지가 위협받게 된다. 환경오염으로 인해 자연자원이나 문화유적의 훼손이 심화되면서 이의 보존에 대한 사회적인 우려가 높아질 것도 물론이다.

다른 한편으로는 IS에 의한 폭탄 테러에서 보듯 전쟁의 시작과 끝이나 전선의 전후방이 혼재되어 있는 "신개념 전쟁(New War)"의 시대가 도래하면서 방문지 지역사회의 안전이나 신변 보호 문제가 관광의 지속가능성을 위협하는 새로운 요인으로 등장하고 있다. 지카 바이러스, 메르스, 뎅기열, 콜레라, 코로나19 등 과거에는 지역 풍토병 정도로 간주되던 전염성 질병이 최초 발생 지역에 머무르지 않고 급속히 범지구적으로 확산되면서 방문지의 보건, 위생 문제가 관광의 지속가능성을 위협하는 새로운 요인으로 작용하고 있다.

이런 관광환경의 변화와 대중관광의 폐해에 대한 인식의 확산이 관광산업에 대한 새로운 프레임 개발 수요를 지속적으로 촉진해 왔다. 관광에 대한 최적 소비를 가능케 하는 사회적인 프레임이 무엇인지를 탐색해 보자는 요구가 비등하는 이유이다. 이런 요구에 대응하여 사적 영역을 중심으로 사업수입의 증대를 겨냥하는 기업형 프레임으로부터 공평성, 정의 내지는 사회적인 지속성을 지향하는 프레임으로 관광에 대한 인식의 틀을 바꾸어야 한다는 판단이 지속가능관광(ST: Sustainable Tourism)이나 책임관광(RT: Responsible Tourism) 같은 대안관광을 모색하도록 추동하는 근인이 되었다. 이제 우리 모두가 당면한 과제의 핵심은 그런 프레임으로의 전환 자체가 아니라 그렇게 전환된 프레임을 어떻게 현실 세계에서 구현해낼 것인가 또는 집행할 것인가에 모이지 않을 수 없게 되었다.

II. ST, RT 및 ET의 비교 평가

ST는 그의 이론적 토대를 "지속가능한 발전(SD: Sustainable Development)"에 둔다. 그런데 SD라는 용어가 처음으로 등장한 것은 1987년에 발표된 유엔 보고서인 "우리 공동의 미래(Our Common Future)"에서였다. 흔히 브룬틀란 보고서(Brundtland Report)로 불리는 이 보고서에서 SD를 '미래의 세대가 그들의 필요를 충족시킬 능력을 저해하지 않는 가운데 현재 세대의 필요를 충족시키는 발전'으로 규정했던 것이다(WCED, 1987). 이에 따라 2012년에 있었던 유엔 총회에서는 "상호 의존적이고 상호 증진적이며 지속가능한 발전을 이루기 위한 3대 기본 요건(triple bottom line)"으로 경제 발전, 사회적 형평성, 환경보호를 제시하게 되었다(UN, 2012). 이런 SD에 대한 인식의 연장선상에서 ST가 경제, 사회문화, 환경의 지속가능성을 지향하면서 관광의 경쟁력을 지속적으로 담보하자는 것으로 개념화하게 되었을 것은 정한 이치나 같다.

그 결과 ST는 우선 경제적으로 모든 관광 이해당사자들에게 사회경제적 유익을 제공하고자 하는 데에 목표를 둔다. 방문지 지역사회에 안정적인 고용기회를 제공하거나 공공 서비스를 공급하고 가난을 구제하는 데에 기여하고자 한다. 사회문화적으로는 지역사회의 사회문화적 특성을 존중하고 생활문화 유산이나 전통적인 가치를 보존하는 가운데 이문화 간의 이해나 관용성 정도를 높이고자 한다. 환경적으로는 자연자원 이용의 최적화를 통해 생태환경의 보존, 생물 다양성의 유지, 지구 온난화나 기후 변화의 억지에 기여하고자 한다. 이 과정을 통해 관광 자체의 지속가능성을 담보하고자 할 것은 물론이다.

그런데 RT를 가장 잘 정리했다고 평가되는 2002년의 케이프타운 선언(Cape Town Declaration)에 따르면, RT는 관광을 운영하는 과정에서 발생하는 경제적, 환경적, 사회적 차원의 부정적 영향을 최소화하고, 방문지 지역민을 위해 최대한의 경제적 이득이 유발되도록 노력하며, 지역사회의 행복을 향상하고, 작업환경과 산업에 대한 접근성을 제고하고자 한다. 방문지 지역주민의 생활과 삶의 양식에 영향을 미치는 의사결정에는 지역주민을 참여시킨다는 점도 강조했다. 지구촌의 다양성 유지, 자연과 문화유산의 보호에 긍정적으로 기여하고자 하는 것이다. 지역주민과의 의미 있는 접촉과 지역의 문화적, 사회적, 환경적 현안에 대한 더 많은 이해를 통해 관광객에게 보다 더 즐거운 체험을 제공하고자 한다. 육체적 장애인을 위해 접근성을 높이고, 관광객과 지역주민 간의 상호 존경심을 향상하며, 지역의 자긍심과 신뢰를 키우고, 문화적으로도 보다 세심하게 배려하고자 한다(Fabricius & Goodwin, 2002).

정리해 보면 경제, 사회문화, 환경의 지속가능성을 제고하고, 그것을 통해 관광의 중장기적인 경쟁력을 담보하자는 점에서 ST와 기본적으로 다를 것이 없다. 그러나 대안관광과 관련하여 이미 ST 개념이 개발되어 있음에도 불구하고 RT가 새롭게 주조, 제시되고 있다는 점에 착안해 보면 양자 사이에는 구체적이고도 분명한 차이가 있을 것이라는 점을 손쉽게 상정해 볼 수 있게 된다. ST가 목적론적이고, 당위론적이며, 개념화의 차원에서 "지속가능한 관광"에 접근하고자 한 것이라면, RT는 수단과 경험의 실제 속에서 "지속가능한 관광"을 어떻게 구현할 것인가의 문제를 다루는 집행 차원 내지는 방법론 쪽에 강조점을 둔다는 점에서 대비된다. 이는 ST가 기본적으로 포괄적이고 이상적인 상황을 지향하는 것이기는 하지만 경제, 사회문화, 환경 분야로 대표되는 "세 기둥(Three Pillars)"[1] 사이의 내재적인 충돌과 모순으로 인해 내용상의 모호성이 크다는 데에서 연유하는 결과이다[2]. ST가 "지속가능한 관광"을 포괄적 개념이나 문제의식 내지는 동기유발 차원에서 인식하는 가운데 자체의 내재적 모순을 방치하거나 외면하는 경향이 있는 데 반해, 이를 현실 세계에 적용하는 과정에서 발견되는 내재적 모순을 최소화하거나 극복하기 위한 행동노선 내지는 행위 양식을 개발하고자 한 결과물이 바로 RT인 것이다[3].

이렇듯 ST나 RT가 기본적으로 특정 가치를 지향하는 관광의 한 양식

1) "세 기둥(Three Pillars)"이라는 용어의 고안자에 대해서는 밝혀지지 않고 있으나 다만 그런 개념을 최초로 도식화한 것은 Barbier(1987)로 여겨진다(Purvis et al, 2018: 689).

2) ST가 부적절하고 내용상 모호하다는 지적에 대해서는 Chattiparamb & Kokkranikal(2012)을 참조하기 바란다.

3) RT가 기본적으로 행동지향적이고 행태에 기반하는 개념이라는 주장에 대해서는 Leslie(2012)와 Chettiparamb and Kokkranikal(2012)을 참조하기 바란다.

이거나 개념의 틀을 뜻한다면 환경관광 내지는 생태관광(ET: Ecotourism, green tourism)은 자연환경과의 교류를 통해 이루어지는 관광의 한 유형 내지는 종류라는 점에서 그런 양식의 관광을 구체화한 사업 프로그램 가운데 하나인 셈이다. 따라서 가장 포괄범위가 넓은 개념의 틀을 제공하는 것이 ST라면 이를 현실적으로 적용 가능한 범주로 구체화한 것이 RT이고 ET는 그런 목적 가치를 구현하는 과정에서 고안되는 여러 종류의 틈새관광 프로그램 가운데 하나에 해당된다. 그런 점에서 볼 때, ET는 공동체 기반 관광(CBT: Community-based Tourism)과 함께 ST와 RT를 구현하기 위한 유효 수단 가운데 하나인 셈이다(UNEP & WTO, 2005 : 12).

이들을 이스톤의 투입산출 모형(Eastonian model)을 빌리어 설명하자면, ST가 동기유발이나 문제의식, 개념화나 목적 가치를 포괄한다는 점에서 투입자원에 해당된다면, RT는 이를 토대로 집행하는 행위 양식이라는 점에서 전환과정에 해당된다고 할 수 있다. 그 결과 산출된 결과물 가운데 하나가 ET라고 한다면 그런 과정이 사회에 미치는 궁극적인 영향은 이를 SD라고 정리해 볼 수 있게 된다. 그런데 산출물이 다음 회차에서는 환류하면서 기존의 사회관계에 영향을 미친다는 점에서는 투입자원으로 간주되지 않을 수 없다. SD는 투입자원이기도 한 것이다.

그런데 이런 투입자원으로써의 SD가 정초하는 "세 기둥" 간에는 상호 의존적, 보완적 관계가 구성되기도 하지만, 상호 갈등적, 모순적 관계를 구축하기도 한다. 이런 "세 기둥" 간의 관계를 체계론적 관점에서 접근(system approach)하는 이들은 이 세 분야가 각자 명료하게 구분되는 영역이지만 서로 영향을 주고받는 상호의존적 관계에 있다고 본다(Barbier, 1987; Basiago, 1995; Hancock, 1993). 반면에 "세 기둥" 간의 관계를 접근시각의 관점에서 접근(perspective approach)하는 이들은 이 세 분야가 서로 구분되기는 하지만 상호 연계되어 있어 동일 현상에 대한 인식의 프레임 내지는 차원의 차이로 이해해야 마땅하다는 입장에 서 있다(Brown et al, 1987; Goodland & Daly, 1996; Munasinghe, 1993).

체계론적 접근은 다시 이들 세 영역이 서로 충돌적, 모순적 관계를 형성하는 부분을 보완해서 공동의 목푯값인 지속가능한 발전을 구현하기 위해서는 이들을 조정하고 관리하는 일이 필수적 과제라고 보는 입장(Cocklin, 1989)과 각자의 영역이 자체의 역량을 강화하는 경우 전체로서의 조화를 이루면서 긴장의 완화 내지는 모순의 해소에 이른다는 입장(Campbell, 1996)으로 나뉜다. 세 영역 간의 관계를 기본적으로 갈등적으로 보느냐 아니면 보완적으로 보느냐의 차이가 빚어내는 결과이다. 반면에 접근시각의 관점에서 접근하는 이들은 이 세 영역 간에 충돌이나 모순이 발생하는 것은 이들에 대한 개념의 명료화가 결여된 데에서 빚어지는 문제인 만큼 각각의 개념을 보다 더 세련화할 필요성이 있다는 주장을 펼친다(Goodland & Daly, 1996).

그런데 ST는 단순히 논리적인 정합성을 다루거나 사회운동론적인 정당성 근거를 찾고자 하는 수준에 머무르는 것이 아니라 관광산업의 현장을 통해 보다 현실적이고 구체적인 문제를 다루기 위한 프레임을 SD에서 빌리고자 하는 것과 다름없다. 그러므로 여기에서는 SD에 대한 체계론적인 접근시각, 그 가운데에서도 갈등론적 인식 프레임을 빌리어 다루고자 한다. “세 기둥” 사이의 관계가 상호 충돌적, 모순적 관계에서 보완적, 지지적 관계로 이동하기 위해서는 관리론적 차원의 개입과 조정이 필요한 일이라고 보고자 하는 것이다. 이를 위해서는 먼저 ST를 구성하는 세 기둥 사이의 관계를 실천적 차원에서 구체적으로 검증해 보는 일이 선결적 과제이다. ST 운영 현장에서의 상보적 관계와 모순적 관계를 밝혀보자는 것이다.

III. "세 기둥"의 상호보완적 관계

ST가 추구하는 경제, 사회문화, 환경 영역에 있어서의 지속가능성은 상호 의존적, 보완적 관계를 구성하면서 관광 관련 이해당사자들에게 막강한 영향력을 미치게 된다. 특히 인식론 차원에서의 상호작용은 이 "세 기둥" 사이에 엄격한 의미의 경계 개념을 설정하기가 곤란할 만큼 긴밀한 연계 관계를 낳는다. 그런데 관광 관련 이해당사자들을 관광에 직접적인 영향을 미치는 요소를 중심으로 평가해 보면 대체로 관광을 매개하는 기관, 관광객, 방문지 지역사회로 구분해 볼 수 있다. 이 가운데 관광 매개기관은 그 운영 실제에 있어 정부, NGO, 종교단체, 사업자 등 지향하는 우선적인 목적 가치가 무엇이냐에 따라 실로 다양한 양식을 취하기 마련이다. 그러나 이들 모두가 기관 지속성 유지에 필요한 최소한의 채산성 유지를 외면할 수는 없는 일이다. 이런 점을 감안하여 여기에서는 경제적 유인 요소에 주목한다는 뜻에서 사업자를 중심으로 다루고자 한다. 따라서 이들 각각의 이해당사자를 기준으로 "세 기둥" 사이의 긍정적, 지지적 상호작용 양식을 추적해 보면 다음과 같다.

1. 사업자

관광 사업자의 차원에서 ST가 추구하는 세 기둥인 경제, 사회문화, 환경 영역의 지속가능성 변수는 상호작용하는 가운데 아래의 도식과 같은 관계 유형을 구성한다.

〈3-1〉 사업자 차원의 "세 기둥" 간 관계 유형

	경제	사회문화	환경
경제		1)	2)
사회문화	3)		4)
환경	5)	6)	

1) 경제 → 사회문화

관광사업의 운영은 기업 활동의 활성화, 고용 증대, 투자 확대, 경제 지원 등을 통해 지역사회 발전에 기여하고 나아가 지역경제를 견인하게 된다. 장기적인 안목에서 보면, 이는 결국 사회적으로 보다 더 평등한 이익 배분이 이루어질 수 있도록 사회구조를 개편하는 토대가 된다. 관광사업의 운영은 방문지 지역사회의 자연자원 내지는 문화자원에 경제적 부가가치를 창출하는 결과가 되며, 나아가 자연자원이나 문화자원을 보호, 유지하는 데 필요한 직접비용을 지원할 수 있게 된다. 관광사업의 집행을 통해 방문지 지역사회에 대한 관광객의 이해를 촉진하고 이문화에 대한 수용성 정도를 높여 종국에는 지구 차원의 평화를 촉진하는 데 기여한다.

2) 경제 → 환경

관광사업을 통해 기업의 경제적 이윤이 늘어나고 지역사회의 경제적 활성화가 촉진되는 경우, 환경보존을 위한 직접 비용의 부담이 가능하게 되고 이는 결과적으로 환경보존 관리체제의 유지에 대한 사회적인 수용성을 높이게 된다.

3) 사회문화 → 경제

지역사회의 소득분배, 고용기회, 공공 서비스의 배분이나 접근 가능성 등이 보다 공정하게 이루어질수록 중장기적인 차원의 지역 경제 활성화나 관광사업의 번영에 기여하게 된다. 시장경제론의 관점에서 보면, 지역사회의 사회의식이 높아져 관광사업 운영자가 기업의 사회책임(CSR: Corporate Social Responsibility) 관점에서 사업을 운영하고자 하면 할수록 단순히 이기적인 이윤의 증식을 추구하는 것 이상의 보다 더 높은 가치를 추구하게 되고, 그 결과보다 더 높은 이윤 실현에 대한 동기를 유발하게 된다. 기업이 사회책임을 중시하고 이를 추구하고자 한다는 점에서 기업 운영에 대한 사회적인 이미지가 개선되고, 그 결과 기업 경영의 활성화에 기여하게 된다.

관광사업을 기업의 사회책임이라는 관점에서 접근하는 것이 지역사회 구성원으로서 당연히 감당해야 할 윤리적 과제라고 보는 경우, 관광 관련 이해당사자들을 지역사회의 자연스러운 구성요소로 보게 되고, 이는 관련 이해당사자들의 경제적 이익에 대한 배려로 이어지게 된다. 사회 윤리적 관점에서 관광사업을 보다 더 투명하게 운영하는 경우, 소비자들의 수용성 정도가 높아지면서 이윤의 증대와 사업의 활성화로 이어진다.

4) 사회문화 → 환경

기업의 사회책임이라는 관점에서 관광사업을 운영하는 경우, 사회문제에 대한 의식이 높아지면서 자연자원의 소비를 극소화하거나 생태교란을 최소화하는 가운데 관광 프로그램을 운영하고자 하게 된다.

5) 환경 → 경제

관광사업의 활성화와 그에 따른 경제적 이윤의 증대는 자연풍광의 매력을 유지하거나 신선한 음용수를 확보하고 오염되지 않는 자연자원을 제공하는 것과 같이 방문지 지역사회의 자연 친화적인 환경을 유지하는 데에 기여하게 된다. 이렇듯 개선된 자연환경의 유지가 관광 경제를 활성화하면서 지역사회의 경제발전에 기여하게 될 것은 물론이다.

6) 환경 → 사회문화

환경친화적으로 관광사업을 운영하는 경우, 사업자가 지역사회를 위해 노력한다는 긍정적인 이미지를 심어주게 되고 그 결과 지역사회의 전통문화를 보존하거나 유지하려는 사업자의 노력에 대해서도 지역주민들이 이를 보다 용이하게 수용하고 지지할 수 있게 된다.

2. 관광객

관광객 차원에서 ST가 추구하는 세 기둥인 경제, 사회문화, 환경 영역의 지속가능성 변수는 상호작용하는 가운데 아래의 도식과 같은 관계 유형을 구성한다.

〈3-2〉 관광객 차원의 “세 기둥” 간 관계 유형

	경제	사회문화	환경
경제		1)	2)
사회문화	3)		4)
환경	5)	6)	

1) 경제 → 사회문화

관광객의 관광 상품에 대한 경제적 만족도가 높을 경우, 관광사업을 활성화하게 되고, 이는 다시 방문지 지역사회의 문화적, 사회적 안정과 윤택에 기여하게 된다. 이는 또한 방문지 지역사회에 대한 외지인의 방문을 촉진하면서 이문화에 대한 상호 이해의 정도를 높이고 나아가 관용성을 제고하게 된다.

2) 경제 → 환경

관광객이 경제적으로 여유가 있을수록 방문지 지역사회의 자연환경 보존에 대한 재정적 부담을 감내하는 관광 프로그램에 대한 수용성이 높아지고 그 결과 환경보존에 기여하면서 환경친화적인 여행에 대한 자신의 성취감이나 만족도를 높이게 된다.

3) 사회문화 → 경제

관광객이 방문지 지역사회의 사회문화적 특성이나 문화유산, 전통적 가치 등에 대한 관심이 높을수록 보다 많은 관광객을 유치할 수 있게 되고 그 결과 관광사업이 번창하면서 지역경제의 활성화에 기여한다.

4) 사회문화 → 환경

관광객이 방문지 지역사회의 사회문화적 특성을 경험하면서 보다 공동체 가치의 중요성을 터득하게 되는 경우, 보다 더 방문지 지역사회의 자연환경 보존이나 생태계의 훼손을 방지하는 일에 유의하게 된다.

5) 환경 → 경제

방문지 지역사회의 자연환경 보존 상태는 관광객의 그 지역 방문에 대한 만족도를 결정하는 주요 변수 가운데 하나가 되고, 이는 다시 특정 관광 상품을 관광객이 선택하거나 또는 보다 많은 비용을 지출하더라도 그것을 선택하게 하는 결정요인이 된다.

6) 환경 → 사회문화

관광객이 방문지 지역사회의 자연환경과 접촉하고 환경보존 현장을 체험하면서 사회 공동체의 사회문화적 특성이 지니는 중요성을 절감하고 지역사회의 생활양식이나 삶의 방식을 정하는 과정에 보다 자발적으로 참여하고자 할 가능성이 높아지게 된다.

3. 지역사회

방문지 지역사회 차원에서 ST가 추구하는 세 기둥인 경제, 사회문화, 환경 영역의 지속가능성 변수는 상호작용하는 가운데 아래의 도식과 같은 관계 유형을 구성한다.

〈3-3〉 지역사회 차원의 "세 기둥" 간 관계 유형

	경제	사회문화	환경
경제		1)	2)
사회문화	3)		4)
환경	5)	6)	

1) 경제 → 사회문화

지역사회의 경제적 활성화는 지역주민의 삶의 양식이나 질을 결정하거나 제고하는 전제 조건에 해당된다. 지역주민의 경제 수준은 지역공동체의 사회적 관계가 보다 평등화, 민주화하는 과정의 주요 결정요인 가운데 하나로 작용한다.

2) 경제 → 환경

지역사회의 경제적 수준이 높으면 그만큼 환경보존에 필요한 직접 경비를 지원하거나 부담하는 데 있어 유리하게 된다. 보다 더 환경친화적인 지역사회의 건설이 가능해진다는 의미이다.

3) 사회문화 → 경제

방문지 지역사회의 문화 수준, 정치적 평등성이나 민주적 참여 기회의 보장 등은 그 지역사회에서의 고용의 질적 수준, 가난의 극복, 소비의 양식 같은 경제적 수준을 결정하는 데에 영향을 미치는 주요 요인 가운데 하나이다.

4) 사회문화 → 환경

지역사회의 정책결정 과정에 대한 주민 참여 기회의 확대나 정치적 합의의 도출 정도는 환경정의의 실현을 위한 수자원 이용권에 대한 균등 접근 등과 직결되고, 이는 다시 지역의 자연환경이나 생태 보존 과제와 연계된다.

5) 환경 → 경제

지역사회의 청정 공기나 음용수 처럼 자연환경의 보존 정도나 매력적인 상태가 관광의 유인 요소가 되고, 이는 나아가 경제 활성화를 결정하는 주요 요인 가운데 하나로 작용한다.

6) 환경 → 사회문화

오염되지 않은 자연환경의 보존과 유지가 방문지 지역사회의 역사유물, 전통문화, 사회적 특성을 유지, 보존하는 주요 요인 가운데 하나다. 자연환경이 오염되면 문화재를 훼손하거나 자연취락 상태를 파괴하고 원주민의 이주를 유인하는 요인으로 작용하게 된다.

IV. "세 기둥"의 상호모순적 관계

ST가 지향하는 경제, 사회문화, 환경 영역에 있어서의 지속가능성은 상호 보완적, 지지적 관계를 구성하기도 하지만 갈등적, 모순적 관계를 구성하면서 관광 관련 이해당사자들로 하여금 "지속가능한 관광"을 구현하기 위한 행동노선을 설정하는 과정에서 어려움을 겪게 만든다. 그런데 이런 충돌적 이해관계는 관광 관련 당사자들인 관광 사업자, 관광객, 방문지 지역사회에 각기 다른 양식으로 영향을 미치기 마련이다. 따라서 이들 각각의 이해당사자별로 "세 기둥" 사이에서 형성되는 갈등적, 대립적 관계 유형을 추적해 보면 다음과 같다.

1. 사업자

관광 사업자 차원에서 ST가 추구하는 세 기둥인 경제, 사회문화, 환경 영역에서의 지속가능성 결정 변수는 상호작용하는 가운데 아래의 도식과 같은 갈등적, 모순적 관계 유형을 구성한다.

〈3-4〉 사업자 차원의 "세 기둥" 간 관계 유형

	경제	사회문화	환경
경제		1)	2)
사회문화	3)		4)
환경	5)	6)	

1) 경제 → 사회문화

관광 사업자가 경제성 제일주의에 따라 수익 창출을 우선하는 경우, 방문지 지역사회의 전통사회구조 해체, 평등성 훼손, 환경오염 등을 유발할 가능성이 늘어나게 된다. 문화유적의 파괴나 전통문화의 상품화를 통해 천민자본주의를 확산시킬 위험성도 있다.

2) 경제 → 환경

대규모 테마파크나 위락시설, 호텔 같은 시설의 운영을 통해 이윤 창출에 주력하는 경우, 지역사회의 환경오염이나 생태계 파괴를 불러올 위험성이 커진다. 수익 창출을 우선하는 관광 사업자는 방문지 지역주민이 일상생활의 유지를 위해 필요로 하는 음용수나 토지 같이 제한된 자연자원을 남용함으로써 환경을 오염시키거나 생태계를 파괴할 가능성도 있다.

3) 사회문화 → 경제

성, 인종, 종교, 신체의 부자유 등을 이유로 하는 불평등이나 차별 없이 지역사회가 필요로 하는 고용의 기회와 질적 수준을 유지하고자 하는 경우, 관광 사업자에게 추가적인 재정 부담을 지우게 된다. 고용의 평등성을 유지하기 위해 원주민 자녀들에게 특별 직업훈련을 실시하는 경우 사업자가 추가적인 재정 지출을 부담하게 되는 것과 같다.

4) 사회문화 → 환경

호텔 운영에 필요한 식재료 구매에 있어 공정성을 유지하기 위해 독과점을 금지하고 공정한 경쟁을 지향하는 경우, 지역공동체 외부인의 참여를 독려하는 결과가 되고, 이는 결과적으로 식재료 납품 과정에서 추가적인 교통 유발과 이로 인한 환경오염 가능성이 커지게 된다.

5) 환경 → 경제

환경오염 방지를 위해 비용 지출이 발생하는 경우, 관광사업자에게 추가적인 재정 부담이 발생할 것은 자명한 이치이다. 자연환경 파괴나 기후 변화 등으로 인해 방문지 지역사회의 매력이 감소하는 경우 관광객이 줄면서 관광사업이 쇠퇴할 것도 당연한 일이다.

6) 환경 → 사회문화

환경오염 방지를 위해 예를 들어 호텔 방에 수건을 여행객이 직접 비치하는(room-ready towels) 시스템으로 전환하는 경우, 호텔 관리자가 생산자로부터 포장해서 납품된 수건의 포장을 뜯고 세탁한 후 다림질하여 잘 개서 정리한 후 이를 호텔 방에 비치하는 데에 따르는 추가적인 인력, 전력, 세탁용수 등의 소비를 줄이게 된다. 그러나 인력수요 감축으로 인해 지역주민 고용기회가 줄고 이는 다시 지역사회의 취약 계층으로 하여금 경제적 안정성을 잃게 할 위험성이 커진다. 사회적 평등성이나 전통문화의 유지가 위협받을 수 있다는 뜻이다.

2. 관광객

관광객 차원에서 ST가 추구하는 세 기둥인 경제, 사회문화, 환경 영역에서의 지속가능성 결정 변수는 상호모순적 관계를 구성하는 가운데 아래의 도식과 같은 관계 유형을 형성한다.

〈3-5〉 관광객 차원의 "세 기둥" 간 관계 유형

	경제	사회문화	환경
경제		1)	2)
사회문화	3)		4)
환경	5)	6)	

1) 경제 → 사회문화

관광객이 더 많은 재정 지출을 각오해야 방문지 지역사회의 사회변화를 견인하는 데에 기여할 수 있는 가능성이 커진다. 상대적으로 오래 체류할수록 지역사회의 사회문화에 영향을 미치는 강도나 가능성이 커지고, 체류 기간이 길어질수록 관광객의 재정 부담 정도는 커지는 관계에 있다.

2) 경제 → 환경

호화로운 대형 유락시설을 통해 이루어지는 대중관광 대신 열대우림이나 만년설 같은 대자연을 트레킹 하는 환경자원관광에 나서는 경우, 관광 비용은 줄어들지 모르지만 자연생태계에 남기는 탄산가스의 강도는 커지게 된다. 인간의 발자국(foot print)이 미치는 직접적인 영향이 크기 때문이다.

3) 사회문화 → 경제

사회문화적 차별 없이 관광객 모두가 안전하고 만족스러운 체험을 획득할 수 있도록 하려면 당연히 추가적인 여행비용의 지출이 필요하게 된다. 방문지 지역사회의 전통문화나 유적의 보존에 유의하고 전통 가치를 존중하는 가운데 관광하기 위해서는 추가적인 비용이 들고 그렇기 때문에 상대적으로 비싼 관광 프로그램을 선택해야 하게 된다.

4) 사회문화 → 환경

방문지 지역사회의 원주민 문화 보존에 기여하고 지역경제 활성화에 보탬이 되고자 한다는 생각에서 원주민이 만든 목각 공예품을 구매하는 경우, 결과적으로 지역사회의 나무를 벌목하고 그 결과 환경을 파괴하도록 유인하는 결과가 된다.

5) 환경 → 경제

여행 과정에서 배출되는 탄산가스를 줄이기 위해 비행기 대신 기차나 선박을 이용하는 경우, 일반적으로 여행 기간이 길어지면서 그만큼 추가적인 여행비용 지출을 감당해야 한다.

6) 환경 → 사회문화

환경오염이나 생태파괴를 우려하여 대도시 중심의 대중관광을 기피하고 대신 오지 탐험에 나서는 경우, 원주민 사회에 외지인의 출입이 빈번해지고 그 결과 외래문화의 유입을 통한 전통사회의 붕괴를 촉발할 위험성이 커지게 된다.

3. 지역사회

지역사회 차원에서 ST가 추구하는 세 기둥인 경제, 사회문화, 환경 영역에서의 지속가능성 결정 변수는 상호모순적 관계를 구성하는 가운데 아래의 도식과 같은 관계 유형을 형성한다.

〈3-6〉 지역사회 차원의 "세 기둥" 간 관계 유형

	경제	사회문화	환경
경제		1)	2)
사회문화	3)		4)
환경	5)	6)	

1) 경제 → 사회문화

관광을 통한 지역경제의 활성화는 지역주민의 생활양식을 바꾸면서 원주민의 이주나 사회관계에 변화를 가져오고 그 결과 기존의 사회질서를 파괴할 위험성이 커지게 된다. 경제적 이익의 불평등한 배분은 사회적인 갈등과 불신을 촉발하면서 새로운 사회문제를 유발할 가능성도 있다.

2) 경제 → 환경

지역경제의 활성화를 위해 관광사업을 촉진하는 경우, 지역의 소출물인 채소나 곡물의 소비를 증가하면서 추가적인 비료나 살충제의 살포를 유도하는 결과가 된다. 당연히 환경오염의 가능성을 높이게 된다.

3) 사회문화 → 경제

지역사회 친화적인 관광의 운영을 위해 지역주민으로 하여금 관광계획의 수립 과정에 참여하도록 기회를 부여하고 독려하는 경우, 지역주민의 의견 수렴을 위해 추가적인 시간 소요가 필요하게 되고 이는 자연히 운영비용의 추가로 나타나게 된다. 이는 관광을 통한 지역경제의 활성화에 역진하는 효과를 낳는다.

4) 사회문화 → 환경

지역사회의 의견을 수렴하기 위해 관광계획의 수립과 운영 과정에 지역주민의 참여를 독려하는 경우, 다수결의 원리가 지배하면서 지역사회의 소수자 내지는 사회 열등세력이 관광으로 인한 환경오염 요인을 모두 부담하게 될 위험성이 커지게 된다. 예를 들면 호텔 운영으로 인한 오물의 투기 장소를 소수자 주거 인근 지역으로 결정하는 것과 같다. 환경정의가 훼손될 위험성이 커지는 것이다.

5) 환경 → 경제

관광으로 인한 탄소 배출을 줄이기 위해서는 여행의 빈도를 줄이도록 주문하는 것이 당연한 귀결이 되고, 여행의 빈도가 줄어드는 경우 지역경제의 활성화에 역진하는 효과를 낳게 될 것은 자명한 이치이다.

6) 환경 → 사회문화

환경오염을 줄이기 위해 지역 소출물(local food) 사용을 장려하는 경우, 그에 따르는 경제적 수익의 배분이 기득권 중심으로 특정 집단이나 계층을 중심으로 편향되면서 그 결과의 하나로 지역사회구조가 왜곡되거나 전통사회의 질서가 훼손될 위험성이 커지게 된다.

V. 정부와 NGO의 역할 증대

1. 기존의 "세 기둥"에 정치 기둥 추가

위에서 살펴본 바와 같이 ST가 지향하는 세 기둥 사이에는 상보적 관계와 함께 모순적 관계도 형성된다. 이로 인해 환경정의의 실질적인 구현이 어려울 경우, 관광의 지속가능성을 추구하는 일은 그린 워시(green wash)로 끝나고 말 가능성이 크다. 세 기둥 사이의 상보적 관계를 강조하면서 외형적, 형식적으로는 환경정의를 추구하는 것처럼 선전 홍보하지만 실제로는 모순적 관계를 극복하지 못한 체 환경정의를 외면하거나 오히려 환경오염도 마다하지 않게 될 위험성이 작지 않다는 의미이다. 이 경우 ST의 추구가 오히려 지역사회에 역진적인 효과를 낳게 될 것은 물론이다.

따라서 ST가 지향하는 세 기둥 사이의 내재적 모순을 최소화하는 한편 상보적 관계는 이를 극대화하는 일이 ST의 성공을 좌우하는 관건이 되지 않을 수 없다. 그런데 ST가 지향하는 세 기둥 사이의 내재적 모순을 최소화하기 위한 전략 가운데 하나는 ST의 규모나 빈도를 최소화하는 일이다. 이 경우 더 적을수록 더 좋다(small is beautiful)는 등식이 성립하게 된다. 사실은 바로 이 점이 대량생산, 대량소비의 메커니즘에 기반하는 대중관광의 해결책으로 대안관광 내지는 ST를 모색하게 되는 이유이기도 하다. 그러나 ST 같은 대안관광의 규모가 작아지거나 빈도가 낮아지는 경우, 그에 따르는 상보적 관계 즉 순기능도 작아질 것은 당연한 이치이다. 이는 지역사회에서 점증하는 다양한 형태의 사회적인 수요에 대한 ST의 대응력이 그만큼 작아진다는 의미이다. 예를 들면, 지역경제에 대한 관광사업의 기여가 줄어든다는 의미이고 나아가 빈곤에 허덕이는 지역주민의 기본권 보장을 외면하게 된다는 뜻이기도 하다.

따라서 이런 순기능을 유지하면서 역기능은 이를 최소화하는 전략이 필요하게 되는 데 이를 위해서는 소규모의 ST 사업들을 조정하고 연합하여 하나의 통합된 양식으로 운영, 관리하는 기획력을 필요로 하게 된다(UNEP & WTO, 2005 : 3). 소규모의 ST 사업들을 운영 실제에 있어 네트워크로 연결하는 것과 같은 효과를 겨냥하자는 것이다. 그런데 그런 기획력이 집행 가능하게 되기 위해서는 관광 사업자, 관광객, 방문지 지역사회 같은 관광의 이해당사자들 사이의 갈등관계를 초극하여 관광 공동체 외부로부터 제공되는 외재적 통제력을 확보하는 일이 긴요하게 된다. 예컨대 토지이용 계획의 수립, 환경오염방지를 위한 기초교육의 실시, 환경친화적인 사회 기본 시설의 설치, 등을 관장하고 주도하는 공권력의 개입이 불가피해지는 것이다. 관광사업 자체의 지속가능성을 높이기 위해 판촉 기능, 교육능력, 관련 정보의 관리 등을 혁신하는 데 필요한 지적 자산을 개발하고 지원하기 위해서도 관광의 이해당사자 모두를 관통하는 제3의 중립적, 객관적 영역에서 개발되는 대응력과 판단력을 필요로 한다. 무엇보다 중요한 것은 ST에 대한 사회적인 합의를 도출하고 정치적인 지지를 동원하기 위해서도 보다 강력하고 공익 지향적인 지도력과 관리능력이 요구된다는 점이다.

이런 점을 감안하여 정부가 개입하는 경우, 법제적인 장치와 정책적인 대안을 동원하는 것은 물론이고 경제적인 유인 요소를 제공하거나 필요 자원을 제공하고 성공사례의 공유를 위해 행정력을 발휘할 수도 있게 된다. 이런 정부의 영향력이 비록 관광으로 인한 사회적 영향력 생산에 직접적인 요인으로 작용하지 않더라도 최소한 거기에서 발현하는 간접적인 영향력의 역할 비중을 감안해 볼 때 기존의 "세 기둥"에 더해 정치적 기둥(political pillar)을 하나 더 추가하고자 제안하지 않을 수 없다. 관광에 영향을 미치는 정부와 정부가 개발하는 정책대안의 중요성을 감안할 때, ST의 운영 과정에 대한 정치적 영향요인의 의의를 지금까지 너무 지나치게 과소평가해 온 감이 적지 않다는 뜻이다(Font, 2012 : 96). 시정해야 마땅한 일이다.

2. NGO 간의 연합전선 형성

ST 운영 과정에서 유발되는 세 기둥 사이의 내재적 모순을 최소화하기 위한 또 다른 대안 가운데 하나는 관광사업자를 NGO로 교체하는 일이다. 비록 ST가 기업경영 차원에서 활동하는 관광 사업자를 중심으로 개발되고 또 활용되어 온 것이 사실이기는 하지만, ST의 가치 추구 현상은 기본적으로 사적 이익을 추구하는 시장의 영역이 아니라 공익을 지향하는 국가나 시민사회 영역의 과제에 해당된다(Mihalic, 2016 : 464).

따라서 관광 사업자를 사적 이윤의 추구를 우선적으로 지향하는 기업 대신에 공적 유익의 증대를 위해 헌신하고자 하는 NGO로 교체하는 경우, ST 운영 과정에서 발생하는 내재적 모순과 갈등의 정도는 상대적으로 줄어들게 된다. NGO는 기본적으로 자발성과 공익성을 기반으로 구성되고 운영되며 경제적 이윤의 추구를 우선하려 하는 것은 아니기 때문이다.

ST가 지향하는 목적 가치는 궁극적으로 이윤의 추구 같은 경제성(economy), 회계의 투명성이나 정직한 세금의 납부, 소비자 권리의 존중 같은 법적 책무성(accountability); 여성, 원주민, 청소년 근로자 같은 소수자의 보호, 환경정의의 존중, 경제적 착취의 배제 같은 사회적 책임성(social responsibility); 지역사회에 대한 헌금이나 기여 같은 도덕적, 윤리적 차원의 박애주의 정신(philanthropic responsibility); 지역주민의 요구에 부응하고자 하는 정치적 대응성(responsiveness) 등으로 구분해 볼 수 있다. 그런데 책무성, 사회적 책임성, 박애주의 정신, 정치적 대응성은 이타주의에 기초하면서 사회공동체의 유익 증대에 우선적인 가치를 부여하고자 한다는 점에서 공통적인 특성을 지닌다. 반면에 경제성 제일주의는 이기주의에 기초하는 개인주의를 지향한다. ST가 추구하는 다양한 목적 가치 가운데에서도 경제성과 여타의 가치 사이에서 갈등과 모순의 발생 가능성이 가장 크다는 의미이다.

따라서 경제적 가치 추구를 우선하는 기업형 사업가 대신 NGO로 관광 사업의 주체를 교체하는 경우 가치 갈등상의 모순이 줄어들 것은 당연한 이치이다. 그런데 앞에서의 논의에서 보듯 개별 NGO를 통해 ST를 추구하는 경우, 유용하기는 하지만 그에 따른 영향력도 크지 않을 것임으로 관련 NGO 간의 연대와 협력을 통한 ST의 추구를 제안하게 된다. 더욱이 정부가 제4의 기둥으로 개입하는 경우, 관련 정책의 결정과정에서 다양한 형태의 갈등과 대립이 발생하기 마련이다. 이를 조정하여 환경정의에 입각한 정치적 합의를 도출해 내기 위해서는 정부의 정책과정에 대해 이를 대상으로 외부로부터 정치적 압력을 동원할 필요성이 커지게 된다. 이를 위해서도 관련 NGO 간의 결속과 연대를 통한 주의주창과 캠페인 활동에 대한 수요의 증대와 그의 중요성에 눈 떠야 한다.

3. 관광 거버넌스 체제의 구축

관광의 소비자는 곧 생산자이기도 한 특성을 지녔다. 관광객은 방문지 지역사회의 관광 현장에서 다양한 유형의 관광 관련 이해당사자들과 대면, 교류하게 된다. 관광은 사실상 호텔 종사자, 버스 운전기사, 관광 안내원, 현지 지역주민 등과의 상호작용을 통해 체험하는 가운데 빚어지고 소비된다. 관광은 선험적으로 정형화되거나 외부로부터 주어지는 것이 아니라 관광객과 관광 관련 이해당사자들 사이의 상호작용을 통해 관광객 자신의 주관주의적 체험의 양식으로 구체화된다. 관광객을 관광의 프로슈머(pro-sumer)라고 부르는 이유이다.

따라서 관광은 소비자로서의 관광객과 생산자로서의 관광객 사이에서 전개되는 지속적인 교류와 상호작용을 통해 완성되는 셈이다. 이를 보다 분석적으로 조명해 보면, 소비자로서의 관광객이 지니는 특정 관광에 대한 기댓값 내지는 목적 가치와 관광 현장의 현실 내지는 제약조건 사이에서 전개되는 지속적인 조정과 타협을 통해 관광의 성과가 물화한다는 뜻이다. 따라서 ST를 구현하고자 하는 경우, 이를 목적 가치로 하고 관광 현장의 제약조건과 한계를 감안하고 반영하는 상호작용 속에서 일단의 관광 행태 내지는 행위 양식을 개발하게 되는데, 이를 RT라고 규정해 볼 수 있게 된다. 따라서 ST가 당위적, 규범적 목표라면 RT는 현실적, 구체적인 의제에 해당하는 셈이다.

그런데 ST와 RT 사이에서 빚어지는 지속적인 상호작용과 교정 및 수정 작업은 그것 자체로써 이상과 현실, 목적과 수단 사이에서 발견되는 격차의 해소 과정이지만, ST의 경우에는 ST를 구성하는 세 기둥 사이의 내재적 모순과 갈등을 점진주의적으로 조정하고 최소화하려는 노력의 전개 과정이라는 의미도 내포한다. 이런 조정의 과정이 지속적으로 전개되고 또 그렇게 되어야 하는 이유 가운데 하나는 현실 세계의 구조적 특성과 한계도 지속적으로 변화하는 관계에 있기 때문이다. 이는 특히 정보사회의 도래 이후 두드러지게 나타나는 현상 가운데 하나이다. 따라서 관광이 성공적으로 이루어지려면 이런 조정과 상호작용의 과정을 지속적으로 관찰하고, 필요하다고 판단되는 경우에는 적절한 예방적, 수정적 조치를 취해야 한다는 과제에 직면하게 된다.

이를 위해서는 정부의 역할에 주목할 필요가 있다. 국가는 존재구속적으로 사회 환경의 변화에 따라 필요하고도 합리적인 판단을 내리고 그 과정에서 요청되는 수정 조치를 효율적으로 취할 수 있는 권한과 능력을 부여받고 있기 때문이다. 반면에 NGO의 경우에는 그것 자체가 관광을 빚어내는 사회 현상의 일부를 구성할 뿐만 아니라 특히 관광사업의 주체로 활동하는 경우에는 보다 더 관광 관련 이해당사자들의 정책 수요에 대한 정보와 지식에 정통하게 된다. 따라서 합리적 이성적 판단력을 보유한 것으로 간주되는 국가와 관광 현장의 현실 정보에 정통한 NGO 사이에서 협력적 공조체제가 구성되는 경우에는 가장 이상적으로 관광의 이상과 현실 사이에서 빚어지는 모순과 한계를 극복해 나갈 수 있게 된다. 정부와 관광 NGO 내지는 관광 관련 이해당사자 사이에서 관광 정책 거버넌스를 구축해야 하는 이유다. 이런 경우 ST를 RT로 전환하는 과정에서 야기되는 모순을 최소화하는 일에도 효과적인 대응이 가능하게 될 것은 두말할 필요도 없다.

이런 거버넌스 체제의 효율적인 운영을 위해서는 관광 관련 이해당사자들의 준비된 참여가 요구된다. 관련 정보와 지식을 숙지한 가운데 거버넌스 과정에 참여해야 소기의 성과를 이룰 수 있을 것이기 때문이다. 이런 관점에서 볼 때, 지역사회 기반 내지는 지역주민 참여형 관광(CBT: Community-based Tourism)은 매우 효율적인 관광 대응 전략 수단 가운데 하나이다. 지역주민이야말로 관광과 관련한 지역사회의 현실에 대해 가장 정확한 정보를 적기에 습득해 알고 있을 것이기 때문이다.

VI. 결론

NGO가 주도하는 대안관광은 방문지 지역사회의 사회개혁과 변화에 기여하고자 하는 것인 만큼, 이를 ST의 관점에서 보면 ST의 목적 가치를 구현하기 위한 RT의 한 양식이라고 말할 수 있다. 여기에 더해 사적 이윤의 추구를 우선하는 기업형이 아니라 공공성을 지향하는 NGO 주도형이라는 점에도 유의해 볼 필요가 있다. ST의 내재적 모순을 최소화하는 데 상대적으로 유리한 조건을 갖추었다는 뜻이다.

그러나 지금까지 NGO가 주도하는 대부분의 대안관광은 주로 서비스 제공 기능에 주력했을 뿐 주의주창이나 정책 캠페인 활동에는 크게 유의하지 않았다. 그렇기 때문에 정부의 정책과정에서 거버넌스 파트너로 참여하는 일에 대해서도 크게 비중을 두지 않았다. 시민사회의 자원봉사 조직으로서 공공성을 지향하는 것이 사실이기는 하지만 관광사업을 운영하는 과정에서는 국가보다는 오히려 시장에 대한 친화성이 상대적으로 더 컸다는 평가를 받아 마땅한 일이다. 따라서 유사한 목적을 지닌 다른 NGO와의 연대나 협력도 크게 활성화되어 있지 않았다.

이런 점을 감안해 볼 때, 이제 NGO가 주도하는 대안관광이 ST로서 소기의 목적을 보다 적극적으로 달성하기 위해서는 정치적 기둥, 즉 보다 구체적으로 말하자면 정부와 거버넌스 체제를 구축하는 일이 보다 중요하다는 인식을 가져야 한다. 그런 만큼 다른 NGO와의 협력적 연대를 강화하고 네트워크 체제를 갖추면서 대정부 압력 동원과 같은 정책 로비 능력을 확대, 강화해 나가는 일에도 보다 큰 비중을 두어야 하겠다. 이를 위해서는 성찰적 참여능력이 필요한 만큼 이를 위한 노력도 경주되어야 한다. 그런 점에서 NGO가 주도하는 대안관광의 운영 실제에 대한 보다 체계적인 조사와 연구가 조속히 진행되어야 한다. NGO가 주도하는 대안관광의 운영 현장에 대한 보다 체계적인 정보가 축적되어야 이를 개선하고 지원하기 위한 정책 대안의 수립과 모색이 보다 적실성

높게 전개될 수 있을 것이기 때문이다.

ST와 RT 운영의 실제에 대한 기초 정보를 수집하는 일도 대안관광 운영 과정의 NGO가 보다 더 유념해 나가야 할 과제 가운데 하나이다. ST와 RT는 NGO가 주도하는 대안관광이 자체의 목적 가치를 구현하기 위해 필요로 하는 전략 대안 가운데 하나라는 점에서 그 의의가 클 뿐만 아니라 관련 NGO와의 연대를 확장하는 데에도 연결핀 구축의 토대를 제공하는 프레임으로서의 가치가 클 것이기 때문이다.

NGO가 주도하는 대안관광은 이제 자체 기능 설정을 재검토하고 사회적인 역할 정향을 재검토해 보아야 할 지점에 서게 되었다. 보다 적극적이고 입체적인 양식으로 역할 정향을 바꾸자는 것이고, NGO의 경계 범위를 넘어 사회공동체의 보다 다양한 구성요소들과 보다 수평적인 연대와 협력의 지평을 넓혀 나가야 한다는 주문이기도 하다. 대안관광이 관광을 통한 체험과 학습을 통해 이문화의 경계를 넘고 지구시민사회의 건설에 기여하자는 것이라면 NGO를 통한 운동 과정의 전략적 연대 자체가 그런 목적에 기여하는 결과를 낳기도 한다.

제6장

기후 변화와 대안관광의 대응

I. 서론

관광산업의 급진적인 성장은 결코 작지 않은 문제를 낳았다. 그 가운데에서도 가장 큰 문제는 이산화탄소의 배출량을 증가시키면서 기후 변화와 지구 온난화를 유발하게 되었다는 점이다. 관광은 인구의 이동을 낳고, 인구의 이동은 대중교통을 유발하며 대중교통은 높은 에너지 소비를 필요로 한다. 높은 에너지의 소비는 당연히 환경오염과 직결된다. 관광객이 늘어나면서 대규모 유락시설과 휴양지 건설을 촉발하게 되고, 이는 결과적으로 지역 생태 환경의 파괴로 이어진다. 이런 점에 유의하여 자연의 아름다움이나 생태환경을 관찰하는 데에 주력하는 환경친화적인 관광 프로그램이 개발되기도 한다. 그러나 이는 오히려 인간이 접근하기 어려웠던 청정지역에서조차 "인간의 발자국(human footprint)"을 남기는 결과가 되고, 나아가 생태 파괴나 환경오염을 가중시키는 추가 요인으로 작용한다. 더욱 주목할 점은 이런 환경친화적인 관광을 위해서는 대개 오지로까지 이동해야 하고 그 결과 보다 더 많은 탄소 배출을 유도하는 결과가 된다는 점이다.

이렇듯 관광산업의 팽창은 기후 변화와 지구 온난화를 유발하는 가장 대표적인 사회적 요인 가운데 하나로 지목되기에까지 이르렀다. 기후 변화와 지구 온난화에 대한 경각심이 제고되고 관광이 이들에 끼치는 악영향에 대한 이해가 높아지면서 이를 억지하는 수단 가운데 하나로 대안관광에 대한 관심과 수요가 제고되는 이유이다. 이제 대안관광을 환경보호의 관점에서 접근하는 시각의 타당성 여부를 따지는 것이 아니라 대안관광의 그런 역할을 강화하기 위해서는 어떤 정책이나 사업을 구상해야 하는지를 보다 절박하게 모색해보아야 하는 시대가 되었다. 관광의 전개 과정에서 제기되는 환경보호 문제는 보다 구체적이고 실천적인 아이디어나 전략 개발의 차원에서 고민해야 하는 과제로 부상해 있다. 그런데 환경오염의 결과로 여겨지는 기후 변화와 관광과의 관계는 양가적인 성격을 함축한다. 관광으로 인해 기후가 변화되기도 하지만 기후 변화로 인해 관광이 위축되기도 하는 상호작용적 관계를 구축한다.

II. 기후 변화가 관광에 미치는 영향

오늘날 기후 변화와 지구 온난화는 지구촌 일반의 일상적 현상이 되었다. 지난 수십 년 동안 이런 추세가 매우 가파르게 진행되어 왔다. "국제

예측 보고서"(UNWTO, 2007)에 따르면 이런 경향은 앞으로 보다 더 악화될 것으로 관측된다. 2100년까지 지구 표면 평균 온도가 최대 6.4도 상승하고 해수면이 59cm까지 올라갈 것으로 예고된다. 10년마다 지구 표면 온도가 평균 0.2도씩 상승할 것이라고 예상한다. 이런 속도로 지구 온난화가 계속될 경우 2050년에는 세계 GDP의 1%가 이런 변화에 적응하기 위한 비용으로 지불될 것이며 40억 명 이상이 물 부족을 겪고 5억 명이 굶주림에 시달릴 것으로 관측된다. 이런 속도로 기후 변화가 진행될 경우 지구촌의 자연환경에는 광범위한 변화가 일어날 것으로 전망된다. 빙하가 녹아내리고, 곡식의 생육 기간이 길어지며, 사이클론 같은 고속 바람의 발생 빈도가 높아지고, 생물 종 분포 범위에 변화가 일어나며, 가뭄 지역이 확대되고, 집중 호우가 빈발하며, 전례 없는 열기파로 인해 건강 악화를 불러오게 될 것으로도 예견된다(Mishev & Mochurova, 2008 : 1).

기후 변화는 자연환경뿐만 아니라 지구촌 전역의 산업 환경에도 매우 심각한 영향을 미친다. 이런 부정적인 영향을 받기는 관광산업 분야도 예외가 아니다. 매력적인 여행 목적지의 풍광을 훼손하거나 산성비로 인해 문화재나 유적지가 심각한 피해를 입게 되고 홍수로 인해 여행이 중단되기도 한다. 쾌적한 자연환경과 양호한 기상 조건은 관광객의 만족도를 높이거나 관광산업을 발전시키는 데 있어 기본적으로 충족되어야 할 필수 요건에 해당된다(Mishev & Mochurova, 2008 : 1). 기후 변화로 인해 자주 방문하던 지역의 매력적인 요소가 훼손될 경우 관광객이 감소할 것은 당연한 이치이다. 자연환경에 기반하는 관광 프로그램은 기후 변화에 의한 환경변화에 보다 더 민감하게 반응한다. 예를 들어 기후 변화로 인해 적설량이 현격히 줄어드는 경우 스키 리조트를 방문하는 스키어들이 줄어들고 그 결과 스키장의 설비를 이용하는 비율도 줄어들게 된다.

이로 인해 지역경제가 타격을 입고 연관 산업이 쇠락하며 국민 건강 증진에도 적신호가 켜지게 된다. 지역 경제가 나빠지면서 환경보존에 대한 추가 비용의 부담이 어려워지거나 환경보존에 유념할 수 없을 만큼 생계가 위협받을 경우 산림 훼손 같은 자연자원의 파괴가 심화되고 결과적으로 환경오염과 기후 변화를 가속화하는 악순환의 고리에 빠질 가능성도 커지게 된다.

관광산업의 쇠락이 방문지 지역사회에 미치는 영향은 그 사회의 관광산업에 대한 경제적 의존도에 따라 다르지만 가난한 지역사회일수록 관광산업이 퇴락할 경우 거기에서 비롯되는 악영향의 충격이 훨씬 더 클 것은 자명한 이치이다. 이런 의미에서 관광은 기후 변화를 재촉하는 요인이라기보다는 오히려 그의 희생자라고까지 말할 수 있다(Mishev & Mochurova, 2008 : 1).

그런데 기후의 변화가 관광에 미치는 영향은 매우 복잡하고 또 다차원적이다. 우선 여행의 목적지 선택 과정에 영향을 미친다. 관광의 목적지는 그 자체가 기후나 날씨에 매우 민감하다는 특성을 지닌다. 특히 관행적인 관광(conventional tourism)의 경우 기후나 날씨가 좋지 않은 지역에 사는 사람들이 여행의 목적지를 고를 때에는 방문지의 기후나 날씨를 여행의 주된 결정요인 가운데 하나로 삼는 경향이 크다. 해변이나 바다 여행 자체를 여행 목적으로 삼는 경우에도 기후 변화에 보다 더 민감하게 반응한다. 여성, 소수 민족, 소득 취약 계층 같은 사회적 약자일수록 기후 변화로 인한 여행 환경변화에 보다 더 민감하게 반응한다는 연구 결과도 있다. 이는 기후나 기상 상황 자체가 관광객을 유인하는 매력적인 상품일 뿐만 아니라 관광객의 안전이나 건강과도 직결되어 있기 때문일 것이다. 극심한 가뭄, 홍수, 태풍, 해일, 쓰나미, 궂은 날씨 같은 자연

재해가 여행의 안전을 위협하고 전염병의 확산이나 식중독 등의 유발 가능성을 높일 것은 당연한 이치이다. 기후나 날씨가 관광객의 만족도나 재방문을 결정하는 핵심 요인 가운데 하나가 된다는 뜻이다. 이는 특히 관광은 그것이 경험재라는 측면에서 볼 때 그런 위험이 실재하느냐와는 관계없이 기후 변화로 인해 그렇게 될 것이라고 상상하는 것만으로도 영향을 받는다는 특성을 지녔다. 이런 심리적 판단은 잠재적 관광객의 관광 행태에도 중장기적으로 영향을 미치기 마련이다. 잠재적 관광 수요 자체를 경감할 가능성이 커진다는 뜻이다. 이럴 경우 특히 관광 수입에 대한 경제적 의존도가 높은 나라에서는 자연재해에 추가해서 사회경제적 어려움이 가중되는 복합적인 고충을 겪게 된다.

이렇듯 기후 변화는 관광지의 시장질서를 교란하는 요인으로 작용할 뿐만 아니라 양적으로는 관광산업의 공급 규모를 결정하는 영향요인으로도 작용한다. 당연히 관광의 목적지 선택 외에도 관광의 특성이나 용도 및 비용을 결정하는 데에도 영향을 미친다. 기후 변화는 관광의 다면적 특성을 결정하는 주요 독립변수인 셈이다.

III. 관광이 기후 변화에 미치는 영향

기후의 변화가 문제인 것은 지구의 자동 온도조절 기능을 위협함으로써 다양한 양식의 자연재해를 불러오고, 자연재해는 다시 인간 삶의 사회경제, 보건위생, 문화심리 및 감성 등 다차원에 걸쳐 악영향을 미치기 때문이다. 그런데 이런 기후의 변화는 대개 두 가지 요인에 의해 유발된다(김의근, 2009 : 9). 먼저 자연적인 요인을 살펴보면 자연 내재적으로 대기와 다른 기후 시스템 간에 상호작용이 일어나거나 자연 외재적으로는 화산의 분화나 태양 활동의 변화 등에 의해 유발되는 것이 보통이다. 이는 인간에 의한 관리가 가능한 한계 범위 밖에서 이루어지는 일이다. 그러나 이를 인공적인 요인의 관점에서 살펴보면 주로 대기 중의 온실가스 농도가 높아지거나 에어로졸양이 증가하고 과다 이용으로 인해 토지의 피복 효과가 상실되거나 자연의 과잉 개발로 인해 삼림이 파괴되는 데에서 비롯되는 경우가 대부분이다. 이 경우는 인간의 의지 여하에 따라 조절 가능한 변수로 이해된다.

이런 인식의 연장선상에서 보면 관광이 기후 변화에 미치는 영향은 다양한 유발 요인 가운데 매우 작은 하나에 지나지 않는다. 관광은 2005년의 경우 전 세계 이산화탄소 배출량의 4.95%를 유발했을 뿐이다(Scott et al, 2010). 그렇기 때문에 관광으로 인해 유발되는 기후 변화 유인 요소를 감축한다고 하더라도 그것이 곧바로 기후 변화나 지구 온난화 현상을 일거에 정지시키는 효과로 나타나지는 않는다. 더욱이 관광으로 인해 배출되는 이산화탄소가 기후 변화를 낳는다는 사실에 대한 과학적, 실증적 인과관계가 확정적으로 증명되었느냐에 대해서도 논자에 따라서는 다양한 차원에서 이론이 제기되어 있다. 보다 더 과학적이고 실증적인 조사가 이루어져야 하는 이유이다. 그러나 그렇다고 하더라도 기후 변화로 인한 폐해가 심각한 만큼 이를 경감시키고 최소한 진행 속도를 낮추기 위해서라면 무엇이라도 해야 되고 그런 만큼 관광에 의한 유발 요인을 줄여보자는 주장이 호소력을 지닐 것은 당연한 이치이다. 이는 관광이 자의적 의사 선택에 따라 조절되는 성질을 지녔다는 점에서도 독려되는 바가 적지 않다. 관광은 관광의 이해관계자들 사이에서 이루어지는 자유로운 선택에 따라 얼마든지 그의 전개 양식을 바꾸는 일이 가능한 영역 가운데 하나이다.

그런데 2005년의 경우 관광산업 분야가 배출하는 이산화탄소 가운데 관광객 수송이 차지하는 비율은 75%, 숙박 시설의 경우가 21%, 관광활동은 4%를 구성했다. 관광객 수송이 유발하는 75% 가운데에서는 항공 운송이 40%, 자동차 운송이 32%, 기타 교통수단이 3%를 차지했다. 즉, 항공 여행은 관광이 유발하는 CO2 배출 요인 가운데 가장 핵심적인 요소가 되고 있다(Scott et al, 2010). 그런데 이런 상황은 앞으로 더 악화될 것으로 예견된다. 2008년 UNWTO와 UNEP-WMO가 공동으로 수행한 연구 결과에 따르면, 2035년이 되면 관광 부문이 배출하는 CO2 배출량의 52%를 항공 운송이 차지할 것으로 예상된다. 숙박 시설은 25%, 자동차 운송은 16%, 관광활동은 7%를 차지할 것이라는 관측이다(UNWTO-UNEP-WMO, 2008).

이런 상황 아래에서라면 사람들이 "기후 변화를 염두에 둔 여행"의 구체적인 대안이 무엇인지를 보다 심각하게 고민하게 될 것은 자명한 이치이다. 이는 단순히 녹색관광 운동에 부응하려는 것 이상의 것으로서 온실가스에 대한 규제 정책의 강화와 함께 "저탄소 관광"에 나서고자 하는 욕구가 높아진다는 것을 의미한다. 더욱이 공정무역량이 증가하는 데에서 관찰되는 바와 같이 소비의 윤리적 책임에 대한 사회적인 인식이 확산되고 있으며 소비의 죄의식 없는 쾌락주의자 시대가 저물고 신윤리주의(new ethicism) 시대가 대두하고 있다는 사실에 비추어 보면 더욱 그럴 것으로 관측된다. 관광을 소비하는 과정에서의 철학적 토대를 개선할 소지가 커지고 있는 것이다. 저탄소 관광의 구현 가능성이 높아지고 있다는 뜻이다. 따라서 이제 문제는 어떻게 저탄소 관광을 구현해 낼 수 있을 것인가에 모이게 된다.

Ⅳ. 대안관광의 기후 변화 대응 전략

관광은 인간이 누리는 삶의 다면적 요소를 함축하는 성질을 지녔다. 그런 만큼 기후 변화에 대응하기 위한 전략적 대안의 모색도 다원적이고 복합적인 양식에 의해 추진되어야 할 것은 이론의 여지가 없다. 이런 관점에서 볼 때 "기후 변화를 염두에 둔 여행"은 우선 그의 외연을 방문지 지역사회의 환경적 조건에 따라 구축하는 특성을 지녔다. 그리고 방문지 지역사회의 구조를 결정하는 주요 요인 가운데 하나는 그 사회를 관리하는 정부의 성격과 그에 의해 운영되는 정책의 방향이다. 즉, 여행은 여행자의 행태, 정부의 정책 그리고 방문지 지역사회의 구조에 의해 이루어지는 삼중원의 중층적 관계 양식하에서 전개된다. 이러한 환경 결정 요인에 더하여, 관광의 내포 차원에 주목해 보면 여행자의 사고방식이 여행자의 행태를 결정하는 또 다른 차원의 주요 요인에 해당된다. 그런데 인간의 마음을 결정하는 기본 요소로는 흔히 지성, 성격 및 도덕적 품성을 드는 것이 보통이다(Dweck, 2008). 지성은 향유하는 정보 및 지식과 상호 연동되어 있다. 성격은 당사자의 가치체계에 의해 좌우된다. 도덕적 품성의 가장 완성된 형태가 영성일 것은 물론이다. 이들을 모두 종합해 보면 현실 세계에서 "기후 변화를 염두에 두는 여행"의 구현 양식을 결정하는 요인으로는 관광의 외연과 내포 차원에서 각각 3가지씩 모두 6가지를 주요 변수로 산정해 볼 수 있다.

이런 프레임의 연장선상에서 보면 관광이 기후 변화에 대응하기 위해서는 6가지의 접근전략을 모색해 볼 수 있다는 의미가 된다. 먼저 관광의 외연 차원에서는, 1) 사회운동론적 접근전략, 2) 정치과정론적 접근전략, 3) 지역사회 기반 접근전략을, 그리고 내포 차원에서는, 4) 기술 자원론적 접근전략, 5) 인식론적 접근전략, 6) 종교적 접근전략이 그것이다. 사회운동론적 접근전략은 여행의 전개 양식을 재설계하여 기후 변화에 대응하고자 한다는 점에서 여행 행태의 대안을 모색하고자 하는 것과 다름없다. 이는 마치 1970년대와 1980년대에 걸쳐 새로운 사회운동의 한 양식으로 양성평등, 평화, 반핵 운동 등을 펼쳤던 신사회운동과 그의 철학적 배경이나 행태의 전개 양식에 있어 유사하다. 신사회운동은 구사회운동과는 달리 사회문제 해결의 책임을 정부에 묻고 정부로 하여금 문제해결에 나서도록 요구하는 것이 아니라 사회운동을 통해 직접 해결해 나가고자 한다는 데에서 근본적인 차이를 두었다. 기후 변화에 대응하기 위해 관광의 전개 양식 자체를 스스로 조정하고 재디자인하자는 것이 바로 이 접근전략의 실천적인 대안이다. 이에 반해 정치과정론적 접근전략은 정부의 정책이 사회 구성원들의 상호작용 나아가서는 여행의 전개 양식을 제어하는 데 있어 직접적이고도 강력한 영향력을 발휘한다고 보고 기후 변화에 대응하기 위한 주요 도구로 정부의 기후 변화 대응 정책에 우선적인 비중을 두어 그것에 의존하자는 것이다. 그런데 정부의 정책은 어떤 사회의 정책과제를 일반적, 보편적 원리에 따라 다루고자 하는 성질을 지녔다. 그렇기 때문에 정부의 기후 변화 대응 정책은 일반적으로 여행을 통해서 또는 여행에 의해서 유발되는 CO2의 배출을 경감시키는 일에 직접적으로 연관되는 과제의 범위에 한정하지 않고 상대적으로 광범위한 영역의 과제를 다루고자 하는 경향이 있다. 따라서 이런 정책을 유도하기 위한 실천적인 전략으로는 흔히 정치과정에 대한 광범위한 로비활동과 시민의 직접적인 참여가 요청되기 마련이다. 지역사회 기반 접근전략은 관광이 이루어지는 지역사회의 구조와 네트워크에 주목하고자 한다. 이 접근전략은 기후 변화에 대응하는 과정에서 발생하는 요구와 수요에 관광산업이 보다 더 책임감 있게 반응하도록 만들기 위해서는 관광의 외부 환경을 바꾸어야 한다고 보려는 것이다.

기술 자원론적 접근전략은 과학적 정보와 지식이 없으면 여행과 CO2 배출 사이의 인과관계를 정확하게 추적 조사할 수 없고, 그렇기 때문에 적절하고 타당한 대응 전략을 개발하기도 쉽지 않다고 본다. 여행의 과학기술적인 측면을 연구하고 분석하는 데에 주안점을 두는 경우이다. 이 접근전략은 기후 변화에 대응하기 위해 여행의 전개 양식을 바꾸는 데 필요한 대응 전략을 개발하는 데 있어 과학기술 관련 정보를 생산하고 제공하는 일에 주력하고자 한다. 관광과 기후 변화의 관계에 대한 지적 능력을 강화하자는 것이다. 인식론적 접근전략은 CO2 배출 감소와 관련된 과제에 대한 이해력을 높이고 경험을 공유함으로써 관광 관련 이해관계자들의 인식의 틀과 가치체계를 변화시키고자 한다. 어떤 이의 성격을 결정하는 것은 그가 보유하고 있는 인식의 프레임과 가치 판단의 체계라고 보기 때문이다. 따라서 학습하고 깨우친 대로 실행하고자 하는 것이 이 접근전략의 기본 모토인 셈이다. 종교적 접근전략은 삶의 양식을 환경친화적으로 바꾸지 않고서는 여행의 기본 성격을 바꿀 수 없으며 나아가 CO2 배출을 줄이기에 보다 더 적합한 양식으로 여행의 전개 양식을 개선하기도 어렵다고 본다. 현재의 대량 생산 대량 소비 체제에 기초한 생활양식으로부터 느린 생활을 지향하는 대안적인 삶의 양식을 지향하기 위해서는 매우 심각한 자기 성찰이 전제되어야 하고, 이를 위해서는 궁극적으로 관광 관련 이해당사자들의 도덕적 품성을 다루는 데 필요한 영성이 확보되어 있어야 한다고 보는 것이다.

지금까지의 논의에 비추어 볼 때 관광을 환경친화적인 특수목적 관광의 관점에서 접근할 경우 보다 더 오래 여행할수록 보다 더 많은 성과를 기대할 수 있게 되지만, 보다 더 오래 여행할수록 더 많은 CO2를 배출하게 될 것은 자명한 이치이다. 이런 논리의 연장선상에서 보면 기후 변화에 대응하기 위해서는 여행 기간이 짧을수록 좋다. 그러나 이렇듯 "집에 머물라"는 식의 제안을 하는 것은 천편일률적인 삶의 일상으로부터 벗어나고자 하는 여행의 기본 성격과 정면으로 충돌하기 때문에 비현실적일 뿐만 아니라 덜 매력적일 것은 두말할 필요가 없다. 설혹 지구 온난화의 위험성을 충분히 숙지하고 있다고 하더라도, 자신의 휴가를 포기하기란 쉬운 일이 아니며 그렇기 때문에 기후 변화에 대응하기 위한 실천적인 대안을 모색하기도 쉽지 않게 된다. 그러나 현명하게 여행할 것을 조언할 수는 있다. "현명한 여행"은 여러 번 여행해야 할 것을 보다 적은 횟수의 여행 계획으로 조정하여 궁극적으로는 여행의 빈도와 거리를 줄이고 그 결과 여행 거리의 총량을 단축하자는 것이다.

또한 대부분의 관광 여행은 기본적으로 환경친화적이라는 사실도 환기해 볼 필요가 있다. 철도, 버스, 자동차를 이용하는 관광이 전체 여행의 80%를 차지하지만 이들은 관광 여행이 배출하는 온실가스 총량의 약 20%에 해당할 뿐이다. 항공여행의 연비 수준이 낮고 온실가스 배출 비율이 높다는 뜻이다. 그러나 현시점에서 볼 때 앞으로의 예측 가능한 미래에서 항공여행의 연료 효율성을 높이게 될 가능성은 그리 크지 않아 보인다. 제트 항공기의 운항 기술이 임계점에 도달해 있을 뿐만 아니라 기존의 기술 수준이 이미 거의 다 반영되어 있기 때문이다. 향후 30년 내지 50년 안에 대체 연료가 대규모로 도입되기도 어려울 것으로 전망된다(Zussman, 2007). 이런 상황 아래에서 탄소 배출 총량을 줄이기 위해서는 항공여행을 철도, 버스, 선박 같은 기존의 관행적인 교통수단으로 대체하는 것 외에 별다른 대안이 있을 수 없다. 이런 현상은 철도 중심의 유로 패스가 발달되어 있는 유럽에서는 지역 내 단거리 항공 운항 회수를 줄이는 효과가 발생하고 있다거나 일본의 초고속철도가 지방 항공사의 발달을 대체하는 결과를 낳았다는 사실조사에 의해 확인된다.

또한 환경친화적인 여행이 되기 위해서는 체류 기간이 짧을수록 좋다. 이는 숙박 시설이 주요 탄소 배출원 가운데 하나이기 때문이다. 그러나 이런 제안은 여행의 빈도와 충돌적인 관계를 형성한다. 더 오래 체류할수록 덜 빈번하게 여행할 가능성이 커지고, 그 결과 여행 거리의 총량이 줄어들 가능성이 커지기 때문이다. 따라서 일단 여행할 경우 상대적으로 오래 머무르는 것이 좋다고 말할 수 있게 된다. 이 점은 특히 관광을 통해 방문지 지역사회의 발전이나 혁신에 기여하고자 할 경우 보다 더 주목해 보아야 할 과제이다. 사회운동을 특수목적으로 삼는 관광에 있어서는 방문지 지역사회와의 결속력을 높이는 일이 선결 과제 가운데 하나이고 이를 위해서는 보다 더 오랫동안 체류할수록 유리할 것이기 때문이다. 체류 방식에 있어서는 자연 친화적이고 환경친화적인 숙박 시설을 이용하는 것이 좋을 것은 두말할 나위가 없다. 많은 에너지를 소비하는 고급 관광 리조트의 숙박 시설보다는 에너지 소비가 상대적으로 적은 홈스테이나 호스텔을 추천하게 되는 이유이다.

정치과정론적 접근전략은 관광객, 여행사 및 주의주창형 NGO 같은 관광의 이해관계 당사자들이 서로 협력하여 정부의 관련 공무원을 상대로 운송, 숙박 및 관광활동과 관련해서 보다 더 높은 수준의 환경친화적인 규제 정책을 개발하도록 캠페인 하거나 로비활동을 통해 압력을 동원하도록 요구하게 된다. 이러한 정책을 수립하기 위해서는 기후 변화에 따르는 경제적 지출 비용과 지역 수준에서 기후 변화에 대응하는 과정에서 유발되는 필요 경비에 대해 보다 더 자세히 알아야 하는 문제가 제기된다. 이를 위해서는 정부로 하여금 보다 더 심도 깊은 연구 조사 활동을 펴고 그 결과를 관광 관련 이해당사자들은 물론이고 일반 시민에게도 공개하도록 요청할 필요가 있다. 사실, 국가 수준의 기후 변화 대응 전략은 이제 막 관련 프레임을 개발하는 단계에 있다고 해도 과언이 아니며 그마저 매우 더디고 잘 조화를 이루지 못한 가운데 진행되고 있는 것이 사실이다(Go"ssling, 2010 : 25). 급속하게 진행되는 지구화 현상과 국가 간의 경계를 넘어 팽창하는 관광산업을 직시해보면 기후 변화에 대응하는 정책 프로그램을 보다 더 효과적으로 촉진하고 감독하기 위해서는 범지구적인 차원에서 관련 정책을 조율하고 통합하는 정부 차원의 국가 간 협력이 훨씬 더 적극적으로 경주되어야 할 것도 물론이다.

지역사회 기반 접근전략을 취할 경우 기후 변화에 보다 효율적으로 대응하기 위해서는 지역사회의 구조와 여행 유인 요소로서의 자연경관을 재설계할 필요성이 제기된다. 이런 프레임 아래에서는 불모의 땅에 나무를 심어 녹화하거나, 로컬푸드 운동(local food movement)[1]을 펼치고, 느린

1) 로컬푸드 운동은 지역에서 생산되는 식품을 이용함으로써 식품의 장거리 운송으로 인해 유발되는 탄소 유발 요인을 줄이자는 것이다. 만일 식품을 운송하는 데 소모되는 에너지 총량이 그 식품을 섭취해서 만들어내는 에너지보다 크다면 이는 전 지구적인 에너지 효율성 측면에서 엄청난 낭비가 된다. 실제로 캘리포니아에서 재배된 상추를 워싱턴까지 운반하기 위해서는 5,000km를 운송해야 하는 데 이럴 경우 우리 몸에서 에너지로 바뀌는 것보다 36배나 많은 에너지를 소비하는 것으로 조사되었다. 또한 식품의 장거리 운송은 소비자 건강 보호의 측면에서도 부정적이다. 운송 거리가 멀수록 식품의 안전성 유지를 위해 방부제나 농약 처리 과정을 거쳐야 하고 냉장 보관하는 경우 추가 에너지 소비를 낳게 된다. 이런 점을 감안하여 생산지 주변 식품을 애용하자는 것인데 이는 2003년경부터 일본에서 전개되어 온 지산지소 운동이나 1986년 이탈리아에서 진행된 슬로푸드 운동에서 그의 대표적인 사례를 찾을 수 있다.

도시(slow city)[2]를 만들며, 순례길을 건설하고, 제로 쓰레기 배출 운동에 나서며, 자전거 전용 도로를 만드는 것과 같은 사업들을 구상해 볼 수 있다. 이는 기본적으로 여행객들이 방문지 지역사회에서 환경친화적인 생활을 영위하거나 그런 생활이 가능한 환경을 만드는 일 자체를 관광의 매력 포인트로 삼도록 유도하기 위한 것이다. 그러나 이는 방문지 지역 주민들의 협조 없이는 여행에서 발생하는 CO2를 줄이기 위한 어떤 형태의 노력도 사실상 비현실적이라는 사실을 웅변해주는 것과 다름없는 일이기도 하다.

기술 자원론적 접근전략의 관점에서 보면 정부와 주의주창형 NGO의 기관 능력을 강화하여 과학 지식과 데이터의 확대 재생산에 주목해야 한다. 이를 통해 기후 변화를 완화하기 위한 기존의 접근전략에 내포되어 있는 인과관계를 비판적으로 재검토할 수 있어야 한다. 이런 검토 작업에 필요한 정보를 생산하고 수집하기 위해서는 관련 과학자나 전문가와의 협력적 네트워크를 구축하는 일이 긴요하게 된다. 예를 들어, 지금까지는 여행 과정에서 발생하는 CO2 배출량을 줄이고 기후 변화에 대응하며 또 그런 일의 중요성을 깨우치기 위한 방안의 하나로 식목사업을 권장하는 것이 보통이었다. 그러나 이를 과학기술적인 관점에서 검증

2) 로컬푸드 운동의 연장선상에서 파생된 것 가운데 하나가 느린 도시운동이다. 느린 도시운동은 기술혁명이 인간에게 선사한 속도의 엑스터시로부터 벗어나 인간답게 사는 삶의 방식을 모색해보자는 것이다. 속도가 박탈한 느림의 즐거움과 행복감을 회복하자는 것으로써 성장에서 성숙, 삶의 양에서 질로, 속도에서 깊이 있는 품위로 전환하기 위해 느림, 작음, 지속성을 선택하자는 운동이다. 이는 단순히 시계를 거꾸로 돌려 속도 이전의 사회로 돌아가자는 것이 아니라 느림과 빠름, 로컬과 글로벌, 농촌과 도시, 아날로그와 디지털의 조화로운 삶의 양식을 개척해 보자는 것이다. 1989년 이탈리아의 그레베 인 키안티에서 시작되어 오늘날에는 전 세계적으로 여러 도시가 이 운동에 참여하고 있다.

해 보면 나무 심기가 실제로는 CO_2 배출을 줄이는 데에 별로 도움이 되지 않는다는 사실이 확인된다. 설혹 도움이 된다고 하더라도 나무가 자라서 O_2를 생산함으로써 CO_2 배출량을 상쇄하기에는 너무 오랜 시간이 걸리는 반면, 기후의 변화는 매우 긴박하게 진행되고 있어 그때까지 기다릴 시간적인 여유가 없다. 더욱이 나무가 다 자라서 자르거나 썩고 태워서 자연으로 돌아가는 과정을 거치더라도 그 과정에서 결국에는 이산화탄소를 배출하게 된다는 점에 유의해야 한다. 과학기술적인 관점에서 볼 때, 기존에 우리가 생각해 왔던 것과는 달리 나무를 심는다는 것은 기후 변화에 대응하는 데 있어 결코 효율적이고 즉응적이며 또 합리적인 대안이 되지 못하는 것이다. 따라서 흔히 여행으로 인한 기후 변화에 대응하기 위해 관행적으로 제시되어 온 여러 대안들의 과학기술적인 타당성 여부를 꼼꼼하게 확인해 볼 필요성이 제기된다.

인식론적 접근전략을 취할 경우 기후 변화에 대응하기 위한 방안의 하나로 여행 자체를 탄소 저감 개념을 널리 공유하기 위한 하나의 기회나 전략적 토대로 활용하고자 하게 된다. 이 경우 현지 음식을 먹거나 자신의 소비를 위해 채소를 심는 것과 같이 환경친화적인 삶의 양식을 배우고 가르칠 수 있게 관광 프로그램을 기획해 볼 수 있다. 이를 통해 지역사회나 여행자들에게 환경 인식을 확산시키고 홍보하자는 것이다. 이 접근전략의 우선적인 목표는 새로운 가치체계가 없으면 기후 변화에 대응해야 한다는 인식을 촉진하거나 새로운 여행 방식을 채택하기가 쉽지 않다고 보고 관광 관련 이해당사자들에게 바로 이런 새로운 가치체계를 전파하고자 하는 데에 초점을 맞추고자 한다.

종교적인 접근전략을 채택할 경우 환경친화적인 가치체계와 대안적인 삶의 양식을 촉진하기 위해서는 생태권과 환경 주권의 개념을 내면화하는 일이 선결 과제라고 보게 된다. 이런 접근시각은 어떤 이의 강한 힘과 에너지는 근본적으로 자신의 성찰과 자기중심주의에서 비롯되는 것이지 외부로부터의 강요에 의해 강화되는 것은 아니라고 보고자 한다. 도덕적인 굴레가 사람으로 하여금 환경친화적인 삶을 영위하도록 이끄는 데에 있어 효율적인 도구로 작용한다는 인식의 틀을 지녔다. 그런 도덕적 감수성을 제고하기 위한 최선의 방법 가운데 하나는 이를 종교의 영역으로 가져오는 일이다. 예를 들어, YMCA 운동의 경우에는 그리스도를 닮고자 하는 자아 개발에 유의하는 일이 중요하게 된다. 이런 인식의 연장선상에서 볼 때 종교적 순례 관광이나 신성한 종교 여행 프로그램 같은 것을 고안해서 여행 중에 그리고 여행을 통해서 영성을 증진시키는 일이 중요하다고 보게 된다. 이렇듯 기후 변화에 대응하기 위한 생각을 촉진하기 위해 필요로 하는 보다 더 본질적인 전략은 여행자로 하여금 자신의 내면의 세계와 소통하고 성찰하며 경험하도록 유도함으로써 새로운 삶의 양식으로 전환해 나가도록 격려하는 데에 있다. 자신의 삶을 되돌아보고 자신이 지향하고자 하는 삶의 가치를 포착할 수 있는 기회를 제공함으로써 탐욕적인 삶 대신 느린 삶의 양식을 선호하고 그 결과 환경친화적인 삶, 특히 그런 여행 양식에 대한 감수성을 개발하자는 것이다(Burns & Bibblings, 2009: 40).

V. 대응 전략 간의 상호 의존성 검토

그런데 관광의 스펙트럼 전체를 검토해 보면 관광산업의 극히 일부를 구성하는 항공여행만이 온실가스 배출 총량에 영향을 미치는 주요 요인으로 작용한다는 사실을 알 수 있다. 이는 기후 변화에 대응하고자 하는 노력의 우선순위를 관광에서 차지하는 비중이 상대적으로 작은 바로 이 부분에 두어야 한다는 점을 시사한다(Zussman, 2007). 그럴 경우 정부의 기후 변화 대응 정책을 활용하는 것이 보다 더 효율적이다. 이는 정부가 정책을 통해 어떤 문제의 해결에 나서고자 할 경우 미치는 영향력의 범위가 넓고 또 무엇보다도 효율적이기 때문이다. 그러나 유념해야 할 점은 기후 변화와 관련한 정부의 관광 관련 정책이 실제로는 그리 많지 않다는 사실에 있다. 효율성과 경제성의 관점에서 접근하도록 훈련된 정부의 고위 공무원들로서는 관광이 기후 변화에 미치는 부정적인 영향에 대응하는 일이 많은 비용을 필요로 하고 또 실질적인 성과를 약속하기가 쉽지 않다고 판단하기 십상이다. 왜냐하면 그런 정책은 회임기간이 길고 인과관계가 상호 복잡하게 연계되어 있어 이를 추적 조사하기가 간단치 않기 때문이다. 정부의 많은 공무원들이 기후 변화를 억지하기 위한 정책을 개발하는 일이 매우 중요하다는 사실을 충분히 숙지하지 못하고 있다는 사실도 문제점 가운데 하나이다. 때로는 정부의 관련 정책을 범지구적으로 적용하기 어려운 경우가 적지 않고, 그렇기 때문에 지구 차원에서 서로 협력하기를 저어하는 경향도 부정하기 어렵다. 예를 들어, 항공여행에서 비롯되는 탄소 배출 유발 요인을 줄이기 위해 항공 탄소세의 비율을 높이게 되면 다른 어떤 나라보다도 OECD 국가의 연료 사용량을 줄이는 결과가 된다(Sterner, 2007). 이런 경우 상대적으로 OECD 회원국의 협조를 구하기가 쉽지 않을 것은 당연한 이치이다.

이 밖에도 모든 기후 변화 대응 정책은 당연히 추가 비용의 지출과 그에 따르는 추가 재원을 필요로 하기 마련이다. 온실가스 배출 감축을 장려하는 것과 같은 기후 변화 대응 정책을 채택할 경우 여행비용이 증가하면서 결과적으로는 여행객 감소를 불러오게 된다. 이는 관광을 통한 경제적 이윤 창출이 위협받는다는 것과 다름없다. 정치과정론적 접근 전략의 이런 한계를 절감하는 경우 여행의 양식과 행태 변화를 추구하는 사회운동론적 접근전략에 주목하게 된다. 그러나 CO2 배출량을 줄이고자 설계된 대안 여행의 운영 양식은 스스로 관광에 따르는 즐거움을 축소하게 될 가능성이 크게 된다. 이 경우 관광 관련 이해관계자들의 가치체계를 변화시키지 않고서는 관광객의 유입 수준을 평소대로 유지하기가 쉽지 않게 된다. 따라서 궁극적으로는 친환경적인 삶의 양식을 우선하도록 개인의 가치체계를 바꾸어야 하며 이를 위해서는 대안적 삶의 양식을 배우고 가르치는 일이 중요하게 된다. 더 나아가 설혹 지역사회 기반 접근전략을 채택하더라도 개인의 사고방식이나 가치체계를 바꾸는 것과 같이 인간의 내면의 세계를 변화시키는 일에 주력하지 않을 수 없게 된다. 지역주민의 사고방식이나 가치 체계가 결국은 그들의 지지를 동원할 수 있느냐의 여부를 결정하는 핵심 변수로 작용할 것이고 이는 주민 개개인의 내면의 세계가 어떻게 구성되어 있느냐에 따라 좌우될 것이기 때문이다. 지역주민들의 가치체계를 환경친화적인 것으로 바꾸지 않고서는 그들의 긴밀한 협조와 지원을 기대하기가 쉽지 않다는 뜻이다.

따라서 녹색관광 및 환경친화적인 삶에 관한 정보를 널리 공유하는 일이 긴요하게 된다. 왜냐하면 교육, 학습 및 성찰은 정보를 공유함으로써 시작되는 일이기 때문이다. 이렇듯 환경친화적인 삶의 방식을 널리 알리고 공유하기 위해 항용 그런 주제를 내세워 국제회의를 개최하거나 여러 그린 아카데미를 개설하고 트리 하우스(tree house)를 열거나 피정회 또는 명상 모임을 주선하는 것이 보통이다. 이렇듯 관광과 거기에서 비롯되는 기후 변화에 대응하는 문제와 관련하여 외연적 접근시각과 내포적 접근시각이 상호 연계되어 있다는 사실에 착안해 보면 앞서 지적한 6가지의 접근전략은 서로 대체 관계를 구성하는 것이 아니라 상호 보완 관계를 구축한다. 따라서 기후 변화에 보다 성공적으로 대응하기 위해서는 단일 접근전략보다는 여러 접근전략을 동시에 적용하는 다원적이고도 복합적인 접근전략이 보다 더 효과적이라고 말할 수 있다.

또한 사회공동체 자체가 네트워크로 상호 연결되어 있기 때문에 대안관광만을 통해서는 문제해결에 나서기 어렵다는 사실도 깨달아야 한다. 다시 말해서 사회공동체 전체와 지구촌 전역을 아우르는 지지와 관심을 이끌어내는 것이 중요한 과제라는 뜻이다. 그러므로 기후 변화에 대응하는 문제와 관련해서는 어느 나라든 상호 영향을 주고받는 관계에 있고, 그렇기 때문에 세계 여러 나라들이 서로 합심하여 협력하는 일이 매우 중요하게 된다. 지구화 시대의 도래가 바로 이런 시각과 관점의 중요성을 배가할 것은 두말할 나위도 없다.

Ⅵ. 결론

지금까지의 논의는 그러나 관광과 관련한 이해당사자들의 의사결정이 합리적 선택의 연장선상에서 이루어진다는 가정적 전제 위에서 전개되고 있다. 관광과 관련하여 선택 가능한 여러 대안 가운데에서 합리적 평가가 가능하고 비교 계량에 의한 우선순위의 결정이 이루어지며 필요한 관련 정보의 제공과 이해 및 해석이 충분히 이루어지는 가운데 어떤 대안이 선택된다고 믿고자 하는 것이다. 그러나 관광산업의 운영 현장에서 보면 관광객 일반은 보통 자신이 원하는 여행과 관련하여 어떤 선택지가 있는지 충분한 정보를 접하지 못하는 것이 보통이다. 더욱이 논리나 이성보다는 심리적 요인이나 감성 등이 보다 더 우선해서 영향을 미칠 수도 있다. 이런 관점의 연장선상에서 보면 현실 세계에서 이루어지는 대개의 관광 행태는 이성적 판단과 비이성적 선택이 그때그때의 상황에 따라 적절히 혼합되는 가운데 이루어진다고 말할 수 있다. 관광객을 위시한 관광 관련 이해당사자들이 결코 이성적 판단의 주체가 아니라는 뜻이다.

정보사회의 도래 이후 전개되는 후기 근대에서는 이런 경향이 보다 더 심화되는 변화를 낳는다. 후기 근대에서는 지속적으로 유동하고 공급되는 정보의 흐름으로 인해 미처 하나의 규범이나 질서로 생활의 일상이 정착되기도 전에 새로운 정보에 노출되면서 숨 가쁘게 판단하고 선택하며 대응해야 하는 액상 근대(liquid modernity)(Bauman, 2008: 1)의 시대를 불러오기 때문이다. 관광의 수요가 발생하고 이에 대응하는 현상도 비슷한 역설에 의해 주도되고 있다. 신중하게 검토하고 주도면밀하게 대응할 수 있는 여건이 마련되어 있지 않은 것이다. 인터넷을 통해 정보를 검색하는 가운데 팝업 창에 뜨는 선전이나 광고에 조응해서 여행 목적지를 정하거나 항공권을 결제하는 일이 빈발하고 있다. 그냥 먼 곳 또는 안 가본 곳을 클릭하여 충동구매에 나서는 경우가 늘고 있다. 이런 상황 속에서 지구의 미래를 걱정하는 도덕적 규범에 따라 관광의 행태를 재디자인하거나 대안 모색을 위해 원모심려하기를 기대하기는 어려운 일이다.

비록 합리적 선택에 나선다고 하더라도 문제는 여전히 남는다. 환경친화적으로 관광 프로그램을 재디자인하기 위해서는 추가 비용의 부담이 요청되는 데 극심한 경쟁 속에 있는 관광산업 현장의 경영 실태를 감안해 볼 때 그런 여유를 배려하기가 쉽지 않기 때문이다(Daniele et al, 2009). 기후 변화에 대응하고자 하는 대안관광이 지속가능성을 유지하기 위해서는 최소한의 재생산 구조를 보장해야 하지만 대안관광도 다른 기존의 관광과 경쟁해야 한다는 점에서 보면 결코 쉽지 않은 일이다. 그런 점에서 이윤의 창출을 염두에 두지 않는 NGO가 대안관광을 주도해야 한다는 주문은 상대적인 호소력이 작지 않다. 기후 변화에 대응하기 위한 양식으로 관광을 재디자인하는 일은 결국 경영 마인드와 지구 시민으로서의 책무 내지는 사회윤리적 책임감 사이의 균형을 유지해야 하는 문제로 귀착된다는 뜻이다.

이와 관련하여 제기되는 또 다른 차원의 과제는 비록 환경친화적으로 관광 프로그램을 개편하고자 한다고 하더라도 이런 개혁적 조치를 누가 선도할 것이냐의 문제이다. 관광객 개인으로서는 자신의 역할이 매우 미미할 것이라고 판단하기 십상이다. 이를 극복하기 위해서는 개인의 선택이 긍정적인 변화를 낳을 수 있다는 메시지를 지속적으로 공급하는 일이 필요하게 되는 데 이를 위해서는 관광 관련 이해당사자 외에도 정부, 언론, 주의주창형 NGO 등이 협력적 연대를 구축하는 일이 긴요하게 된다. 무엇보다도 보다 체계적이고 과학적인 정보를 생산해서 공급함으로써 지속가능한 관광에 대한 자기 확신이 가능하도록 지원해 주어야 한다. 이를 위해서는 범분과과학적인 조사와 관련 정보의 생산이 필요하게 된다. 이런 작업을 위해서는 협력적 연대체가 필요하고, 이를 운영하기 위해서는 범사회적인 지지와 성원이 필요할 것도 물론이다.

그럼에도 불구하고 여전히 남는 문제는 관광을 통한 경제개발과 환경친화적인 관광이 내포하는 갈등적 관계를 어떻게 극복할 것이냐의 과제이다. 이는 사익과 공익을 융합하는 과제이고 이기주의와 이타주의를 혼합하는 일이며 일국주의와 세계주의를 융합해야 하는 문제이기도 하다.

참고문헌

서문: 대안관광의 논리와 시민사회의 과제

한국관광공사. (2020.02.03.). 국민해외관광객 전체통계(2019년 자료). < https://kto.visitkorea.or.kr/kor/ktom/stat/stat.kto> 2020.02.03. 접속검색.

한범수. (2017). 관광산업 일자리 창출 왜 중요한가? 「한국관광정책」, 68: 10-14.

Benson, A. (2005). Research Tourism-Professional Travel for Useful Discoveries. In Novelli, M. *Niche Tourism*. Oxford, UK: Elsevier. 133-144.

Cianiene', Ramune' and Kumpikaite', Vilmante'. (2008). The Impact of Globalization on Migration Processes. *Social Research*, 3(13): 42-48.

Eadington, W. and Smith, V. (1992). Introduction: Emergence of Alternative

Forms of Tourism. In Eadington, W. and Smith, V. (Eds.). *Tourism Alternatives: Potentials and Problems in the Development of Tourism.* Philadelphia, PA: University of Pennsylvania Press. 1-12.

Edensor, T. (2001), Performing Tourism, Staging Tourism, (Re)producing Tourist Space and Practice. *Tourist Studies*, 1(1): 59-81.

Harris, R. and Howard, J. (1996). *Dictionary of Travel, Tourism and Hospitality Terms.* Elsterwick, Australia: Hospitality Press.

Holden, A. (2000). *Environment and Tourism*. London, UK: Routledge.

_________ (1984). *Alternative Tourism: Report on the Workshop on Alternative Tourism with Focus in Asia*. Bangkok, Thailand: ECTW.

OECD. (2014). *Tourism and Creative Economy.* OECD Studies on Tourism. Paris, France: OECD Publishing.

UNEP and UNWTO. (2005). Making Tourism More Sustainable-A Guide for Policy Makers.

UNWTO(2020.03.26.) International Tourist Arrivals Could Fall by 20-30% in 2020. <https://www.unwto.org/news/international-tourism-arrivals-could-fall-in-2020> 2020.04.08. 접속검색.

Zhang, Buhong and Hui, Zhangyin. (2016). Theoretical Exploration of Tourism, Postmodernity and Reason—With the Discussion of the Tourism Appeal to Neo-Rationalism. *Journal of Service Science and Management*, 9: 83-91.

Zotic V., Alexandru D. E. and Dezsi, Ș. (2014), Debate on Tourism in Postmodernism and Beyond. Proceedings of the 2nd Belgrade International Tourism Conference, Serbia. 2014.03.27-29. 79-98.

제1장 사회운동으로서의 대안관광

Ackerberg, Igor and Prapasawudi, Parkpoon. (2009). *An Analysis of Volunteer Tourism Using the Repertory Grid Technique*. Master Degree Project No. 2009: 65. University of Gothenberg, Sweden.

Baudrillard, J. (1998). *The Consumer Society: Myths and Structures*. London, UK: Sage Publications.

Beck, U. (1992). *Risk Society: Toward a New Modernity*. London, UK: Sage Publications.

Butcher, J. (2002). *The Moralization of Tourism: Sun, Sand --- and Saving the World?*. London, UK: Routledge.

Featherstone, M. (1991). *Consumer Culture and Postmodernism. London*, UK: Sage Publications.

Guttentag, D. A. (2009). The Possible Negative Impacts of Volunteer Tourism. *Journal of Sustainable Tourism*, 15(5): 463-482.

Harkin, M. (1995). Modernist Anthropology and Tourism of the Authentic. *Annals of Tourism Research*, 22(3): 650-670.

Jasper, James M. (2004). A Strategic Approach to Conflict Action: Looking for Agency in Social Movement Choices. *Mobilization: An International Journal*, 9(1): 1-16.

Kotler, P. and Andreason, A. R. (2000). Strategic Marketing for Non-Profit Organizations. In Baker, M. J. *Marketing Theory: A Student Text*, Cenagage Learning EMEA. 264-283.

Lyon, D. (1999). *Postmodernism*. Buckingham, UK: Open University Press.

Maffesoli, M. (1997). The Return of Dionysos. In Sulkunen, P., Holmwood, J., Radnen, H. and Schultze, G. (eds.). *Constructing the New Consumer Society*. New York, NY: St. Martin Press.

Miles, S. (1998). *Consumerism --as a Way of Life*. London, UK: Sage Publications.

Mustonen, Pekka. (2006). *Postmodern Tourism --Alternative Approaches*. Sarja/Series A-2:2006. Turku School of Economics, Finland.

Nowaczek, A. (2010). Ecotourism: Principles and Practices. *Annals of Tourism Research*, 37(1): 270-271.

Pedicini, Cary. (2008). *Volunteering Australia: Submission to the Productivity Commission on the Contribution of the Not for Profit Sector*. Melbourne, Australia: Volunteering Australia.

Poon, A. (1993). *Tourism, Technology and Competitive Strategies*. Wallingford, UK: CAB.

Scheyvens, R. (2007). Exploring the Tourism -- Poverty Nexus. In Hall, Michael. (ed.). *Pro-Poor Tourism: Who Benefits?* Clevedon, UK: Channel View Publications.

__________. (2002). Backpacker Tourism and 3rd World Development. *Annals of Tourism Research*, 29(10): 144-164.

Scott, J. (2002). Social Class and Stratification in Late Modernity. *Acta Sociologia*, 45: 23-25.

Serrano, Helga and Carranza, Pedro Humberto Armendariz. (2005). Community Based Tourism: An Ecuador Experience. In Solomon, Rajan. (ed.). *Perspectives in Tourism 3*. Hong Kong, Hong Kong: Ecumenical Coalition on Tourism.

Smelser, Neil. (1969). *Theory of Collective Behaviour*. New York, NY: Free Press.

Suresh, K. T. (2005). Democratizing Tourism: a Civil Society Call to Make Tourism Development Just. In Solomon, Rajan. (ed.). *Perspectives in Tourism 1*. Hong Kong, Hong Kong: Ecumenical Coalition on Tourism.

Tarrow, Sidney. (1994). *Power in Movement, Social Movements, Collective Action, and Mass Politics in the Modern State*. Cambridge, UK: Cambridge University Press.

Thongma, Weerapon. (2009). Approaches for Developing Community Based Sustainable Tourism Products: Research for Development Approach. A Paper Delivered at the Workshop on YMCA Global Alternative Tourism Network. Asia and Pacific Alliance of YMCAs. Chiangmai, Thailand. 2009.06.27-30.

Urry, J. (2002). *The Tourist Gaze*. 2nd Ed. London, UK: Sage Publications.

Veblen, T. (2001). *The Theory of the Leisure Class*. New York, NY: Random House.

Wall, G. and Mathieson, A. (2006). *Tourism Change, Impacts and Opportunities*. Essex, UK: Pearson Education Limited.

Wang, N. (1999). Rethinking Authenticity in Tourism Experience. *Annals of Tourism Research*, 26(2): 349-370.

Wiktorowicz, Q. (2004). (ed.) *Islamic Activism: A Social Movement Theory Approach*. Bloomington, IN: Indiana University Press.

World Alliance of YMCAs (2010). *Workbook for 17th World Council of YMCAs*. Hong Kong.

제2장 자원봉사로서의 대안관광

롤프 예센. (2005). 서정환 역. 「드림 소사이어티: 꿈과 감성을 파는 사회」. 서울: 리드리드출판(주).

Andreotti, V. (2006). Soft versus Critical Global Citizenship Education. *Policy and Practice: A Development Education Review*, 3(Autumn): 40-51.

Birrell, I. (2010.11.14.). Before You Pay to Volunteer Abroad, Think of the Harm You Might Do. *Guardian*. 2010.11.14.

Blum, N. and Bourn, D. (2013). Global Perspectives for Global Professionals in the UK: Engaging Students within Engineering and Health. *Compare*, 33(1): 37-55.

Brown, W. (2015). *Undoing the Demos: Neoliberalism's Stealth Revolution*. New York, NY: Zone Books.

Brown, S. (2005). Travelling with a Purpose: Understanding for Motives and Benefits of Volunteer Vacations. *Current Issues in Tourism*, 8(6): 479-490.

Callanan, M. and Thomas, S. (2005). Volunteer Tourism. In Noveli, M. (ed.). *Niche Tourism*. Oxford, UK: Butterworth-Heinermann. 183-200.

Carter, K. A. (2008). Volunteer Tourism: An Exploration of the Perceptions and Experiences of Volunteer Tourists and the Role of Authenticity in Those Experiences. Unpublished Master Dissertation. Lincoln University. <https://researcharchive.lincoln.ac.nz/bitstream/handle/10182/526/carter_mapplsc.pdf?sequence=7> 2020.04.02. 접속검색.

Camicia, S. and Franklin, B. (2011). What Type of Global Community and Citizenship? Tangled Discourses of Neoliberalism and Critical Democracy in Curriculum and Its Reform. *Globalisation, Societies and Education*, 9(3-4): 311-322.

Chen, L. and Chen, J. (2011). The Motivations and Expectations of International Volunteer Tourists: A Case Study of Chinese Village Traditions. *Tourism Management*, 32: 435-442.

Conran, M. (2011). They Really Love Me! Intimacy in Volunteer Tourism. *Annals of Tourism Research*, 38(4): 1454-1473.

Cook, P. and Jackson, N. (2006). *Valuing Volunteering: A Route to Professional Development Views from VSO Volunteers and Managers*. London, UK: Chartered Management Institute and VSO.

Coren, N. and Gray, T. (2012). Commodification of Volunteer Tourism: A Comparative Study of Volunteer Tourists in Vietnam and in Thailand. *International Journal of Tourism Research*, 14(3): 222-234.

Cox, R., (1981) 'Social Forces, States and World Orders: Beyond International Relations Theory'. *Millennium - Journal of International Studies*, 10(126): 126-155.

Duffy, R. and Moore, I. (2010). Neoliberalising Nature? Elephant-back Tourism in Thailand and Boswana. *Antipode*, 42(3): 742-766.

Gamson, W. A. (1992). The Social Psychology of Collective Action. In Morris,

A. and Mueller, C. McClurg. (eds.). *Frontiers of Social Movement Theory*. New Haven, CT: Yale University Press. 53-56.

Guttentag, D. (2009). The Possible Negative Impacts of Volunteer Tourism. *International Journal of Tourism Research*, 11(6); 537-551.

Hudson, S. and Inkson, K. (2006). Volunteer Overseas Development Workers: The Hero's Adventure and Personal Transformation. *Career Development International*, 11(1): 304-320.

Hyslop-Margison, E. and Sears, A. (2008). Challenging the Dominant Neo-Liberal Discourse: From Human Capital Learning to Education for Civic Engagement. In Peters, M., Britton, A. and Blee, H. (eds.), *Global Citizenship Education: Philosophy, Theory and Pedagogy*. Rotterdam, The Netherlands: Sense Publishers. 299-315.

Kelly, C. and Breinlinger, S. (1996). *The Social Psychology of Collective Action: Identity, Injustice, and Gender*. London, UK: Taylor and Francis.

Kettl, Donald F. (1996). Governing at the Millenium. In James L. Perry. (ed.). *Handbook of Public Administration*. 2nd. Ed. San Francisco: Jossey-Bass. 5-18.

Kooiman, J. (1994). Governance and Governability: Using Complexity, Dynamics, and Diversity. In J. Kooiman. (ed.). *Modern Governance: New Government-Society Interaction*. London, UK: Sage Publications. 35-48.

McCarthy, J. and Zald, M. (1973). *The Trend of Social Movements in America: Professionalization and Resource Mobilization*. Morristown, NJ: General Learning Press.

McGehee, N. G. (2012). Oppression, Emacipation, and Volunteer Tourism: Research Propositions. *Annals of Tourism Research*, 39(1): 84-107.

__________________ and Andereck, K. (2008). 'Pettin' the Critics: Exploring the Complex Relationships between Volunteers and the Volunteered in McDowell County, WV, USA and Tijuana, Mexico. In Wearing, S. and Lyons, K. (eds.). *Journeys of Discovery in Volunteer Tourism: International Case Study Perspective*. Oxfordshire, UK: CABI.

__________________ and Clemmons, D. (2008). Initial Thoughts & Reflections on the Voluntourist Survey. *The Voluntourist Archives*. 〈http://www.voluntourism.org/researchforum.html.〉 2020.03.17. 접속검색.

__________________ and Santos, G. (2005). Social Change, Discourse and Volunteer Tourism. *Annals of Tourism Research*, 32(3): 760-779.

Mostafanezhad, M. (2013). The Politics of Aesthetics in Volunteer Tourism. *Annals of Tourism Research*, 43: 150-169.

Palacios, C. (2010). Volunteer Tourism, Development, and Education in a Postcolonial World: Conceiving Global Connections Beyond Aids. *Journal of Sustainable Tourism*, 18(7): 861-878.

Parker, S. (1992). Volunteering as Serious Leisure. *Journal of Applied Recreation Research*, 17(1): 1-11.

Pitner, R. (2007). Social Psychological Theory and the Potential for Intergroup and Ethnonational Cooperation in Civic Service Programs. In McBride, A.M. and Sherraden, M. (eds.). *Civic Service Worldwide: Impacts and Inquiry*. New York, NY: ME Sharpe

Raymond, E. (2008). Make a Difference! the Role of Sending Organizations in

Volunteer Tourism. In Wearing, S and Lyons, K. (eds.). *Journeys of Discovering in Volunteer Tourism: International Case Study Perspectives*. Oxfordshire, UK: CABI.

Ronan, Jeffrey R. (2014). Volunteer Tourism: Why Isn't It Working and Can It Be Fixed? A Look at "Short Term Mission Trips". <https://www.academia.edu/9052039/Volunteer_Tourism_Why_isn_t_it_working_and_can_it_be_fixed_A_look_at_Short_Term_Mission_Trips_> 2020.03.19. 접속검색.

Sheldon, Pauline J. and Daniele, Roberto. (2017). (eds.) *Social Entrepreneurship and Tourism: Philosophy and Practice*. New Yrok, NY: Springer.

Simpson, K. (2004). 'Doing Development': The Gap Year, Volunteer-tourists and a Popular Practice of Development. *Journal of International Development*, 16(5): 681-692.

Sin, H. L. (2009). Volunteer Tourism—Involve Me and I Will Learn? *Annals of Tourism Research*, 36(3): 480-501.

Stoddart, H. and Rogerson, C. M. (2004). Volunteer Tourism: The Case of Habitat for Humanity South Africa. *GeoJournal*, 60(3): 311-318.

Sutcliffe, Joe. (2012). A Critical Perspective on Volunteer Tourism and Development. *E-International Relations*. 1-5. <https://www.e-ir.info/pdf/27937> 2020.03.18. 접속검색.

Taillon, J., and Jamal, T. (2008). Understanding The Volunteer Tourist: A Qualitative Inquiry. *The Voluntourist Newsletter*, 4(4). <http://www.volunteer tourism.org/news-studyandresearch44.htm> 2020.02.14. 접속검색.

Tefler, D. and Sharpley, R. (2008). *Tourism and Development in the Developing*

World. New York, NY: Routledge.

Wearing, S. (2001). *Volunteer Tourism: Experiences That Make a Difference*. Wallingford, UK: GAB International.

___________. and McDonald, M. (2002). The Development of Community-based Tourism: Re-thinking the Relationship Between Tour Operators and Development Agents as Intermediaries in Rual and Isolated Area Communities. *Journal of Sustainable Tourism*, 1(3); 191-206.

______________________________. and Ponting, J. (2005). Builing a Decommodified Research Paradigm in Tourism: The Contribution of NGO's. *Journal of Sustainable Tourism*, 13(5): 424-439.

____________. and Wearing, M. (2006). Rereading the Subjugating Tourist in Neoliberalism: Postcolonial Otherness and the Tourist Experience. *Tourism Analysis*, 11(2): 145-162.

Wilson, J. (2000). Volunteering. Annual Review of Sociology, 26(1): 215-240.

________ and Musick, Marc. (1997). Who Cares? Toward an Integrated Theory of Volunteer Work. *American Sociological Review*. 62: 694-713.

Žižek, S. (2006). *The Parallax View*. Cambridge, MA: MIT Press.

제3장 시민외교로서의 대안관광

김태환. (2018). 정체성 정치와 중견국 공공외교의 유형 비교: 한국에 대한 함의. 국립외교원 외교안보연구소. 「정책연구시리즈 2017-2019」.

자크 아탈리. (2007). 양영란 역. 「미래의 물결」. 서울: 위즈덤 하우스.

Adhikary, Ashis. (2015.07.28.). The Essence of Tourism Diplomacy. *Nepal Foreign Affairs*. <http://nepalforeignaffairs.com/the-essence-of-tourism-diplomacy/> 2020.02.16. 접속검색.

Bellamy, Alex J., Williams, Paul and Griffin, Stuart. (2010). *Understanding Peacekeeping*. Cambridge, UK: Polity Press.

Bunakov, Oleg A., Eidelman, Boris A., Fakhrutdinova, Lilya R., and Gabdrakhmanov, Niyaz K. (2018). Tourism as a Method of "Soft Power" in Modern Diplomacy on the Example of the Russian Federation. *Helix(Online)*, 8(10): 2174-2177.

Carbone, Fabio. (2017). Intenational Tourism and Cultural Diplomacy: A New Conceptual Approach Towards Global Mutual Understanding and Peace Through Tourism. *Tourism Review*, 65(1): 61-74.

D'Amore, L. J. (1988). Tourism—A Vital Froce for Peace. *Annals of Tourism Research*, 15: 269-270.

Davidson, W. D. and Montville, Joseph V. (1981). Foreign Policy According to Freud. *Foreign Policy*, 45: 145-157.

Gilboa, Eytan. (2008). Searching for a Theory of Public Diplomacy. *The Annals of the American Academy of Political and Social Science*, 616(1): 55-77.

Kalecin'ska, Joanna and Kowalewski, Marian. (2016). The Role of Public Diplomacy in Tourism Development in Poland's Cross-Border Areas. *Scientific Review of Physical Culture*, 6(3): 143-151.

Kelley, John Robert. (2010). The New Diplomacy: Evolution of a Revolution, *Diplomacy & Statecraft*, 21(2): 286-305.

Litvin, Stephen W. (1998). Tourism: The World's Peace Industry? *Journal of*

Travel Research, 37(1): 63-66.

Macmillan, Margaret. (2014). *The War that Ended the Peace: The Road to 1914*. New York, NY: Penguin Random House.

Nye, Joseph S. (2004). Soft Power and American Foreign Policy. *Political Science Quarterly*, 110(2): 255-270.

Pearce, Douglas G. (1992). Alternative Tourism: Concepts, Classifications and Questions. In Smith, Valene L. and Eedington R. (eds.). *Tourism Alternatives: Potentials and Problems in the Development of Tourism*. Philadelphia, PA: University of Pennsylvania Press. 15-30.

Steuer, Kenneth. (2009). *Pursuit of an "Unparalleled Opportunity": The American YMCA and Prisoner-of-War Diplomacy among the Central Power Nations During World War I, 1914-1923*. (Gutenberg-e Series.). New York, NY: Columbia University Press.

Suntikul, Wantanee. (2017). Gastrodiplomacy in Tourism. *Current Issues in Tourism*, 1-19.

Thomas, Chris. (2014). Fourteen Points. *International Encyclopedia of the First World War(on line)*. <https://encyclopedia.1914-1918-online.net/article/fourteen_points> 2020.01.13. 접속검색.

Vasko, Shutarvo, Magdincheva-Shopova, Marija, Petroska-Angelovska, Neda, and Takovska, Marija. (2018). Cultural Diplomacy and Development of Cultural Tourism. *Culture, Heritage and Tourism Development*, 101-105.

김난영. (2010). 책임관광에 대한 관광객 행동 연구. 「관광연구논총」. 22(1): 3-24.
이무용. (2012). 창조관광의 이론 체계 개발에 관한 시론적 연구. 「동북아관광연구」. 8(4): 239-251.
Beck, Ulich, Giddens, Anthony and Lash Scott. (1998). 임현진, 정일준 옮김. 「성찰적 근대」. 서울: 한울.

Berrada, Mohamed, (2017). Co-Creation of the Tourist Experience via Internet: Towards Exploring a New Practice. *Journal of International Business Research and Marketing*, 2(5): 18-23.
Bowman, Cliff and Ambrosini, Véronique. (2000). Value Creation Versus Value Capture: Towards a Coherent Definition of Value in Strategy. *British Journal of Management*, 11(1): 1-15, <https://doi.org/10.1111/1467-8551.00147> 2017.09.30. 접속검색.
Caruana, R., Glozer, S., Crane, A. and McCabe, S. (2014). Tourists' Accounts of Responsible Tourism. *Annals of Tourism Research*, 46: 115-129.
Carvalho, R. (2014). A Literature Review of the Role of Cultural Capital in Creative Tourism. In Santos, J. A. C. M., Correira, M. Santos, M. and Serra, F. (eds.). *Contemporary Issues in Tourism & Management Studies*. TMS Conference Series. Faro: University of the Algarve. 17-28. <http://doi.org/978-989-8472-55-7> 2017.09.27. 접속검색.
de Bruin, A. and Jelinčić, D. (2016), Toward Extending Creative Tourism: Participatory Experience Tourism. *Tourism Review*, 71(1): 57-66.

de Esteben, Javier, Cetin, Gruel and Antonovica Arta. (2015). Theory of Knowledge of Tourism: A Sociological and Epistemological Reflection. *Journal of Tourismology*. 1(1): 2-15.

Fons, M.V.S., Fierro, J.A.M. and Gometz y Patin ~o, M. (2011), Rural Tourism: a Sustainable Alternative. *Applied Energy*, 88(2): 551-557.

Gari, S. R., Newton, A. and Icely, J. D. (2015). A Review of the Application and Evolution of the DPSIR Framework with an Emphasis on Coastal Social-ecological Systems. *Ocean and Coastal Management*, 103: 63-77.

Mokoena, Lehlohonolo Gibson. (2019). Ethical Tourism Consumption: Should Businesses Be Concerned? *African Journal of Hospitality, Tourism and Leisure*, 8(1): 1-10.

Ohridska-Olson, R. V., and Ivanov, S. H. (2010). Creative Tourism Business Model and its Application in Bulgaria. Proceedings of the Black Sea Tourism Forum "Cultural Tourism-the Future of Bulgaria". Varna, Bulgaria, 2010.09.23-25. 23-39. <file:///C:/내안관광과%20NGO/Creative_tourism_Business_Model_and_its.pdf>2020.03.14.접속검색.

Olsen, Daniel. (2014). Definitions, Motivations and Sustainability: the Case of Spiritual Tourism. Proceedings of First UNWTO International Conference on Spiritual Tourism for Sustainable Development. Ninh Binh Province, Viet Nam, 2013.11.21-22. Madrid, Spain: UNWTO. 35-46.

Paskova, Martina and Zelenka, Josef. (2019). How Crucial is the Social Responsibility for Tourism Sustainability? *Social Responsibility Journal*, 15(4): 534-552.

Prahalad, C. K. and Ramaswamy, V. (2004). Co-creation Experiences: The Next

Practice in Value Creation. *Journal of Interactive Marketing*, 18(3): 5-14. <http://doi.org/10.1002/dir.20015> 2020.02.28. 접속검색.

Richards, G. (2009). Creative Tourism and Local Development. In Wurzburguer, R., Aageson, T., Pattakos, A. and Pratt, S. (eds.), *A Global Conversation. How to Provide Unique Creative Experiences for Travelers Worldwide*. Santa Fe, NM: Sunstone Press. 78-90.

___________ and Wilson, J. (2006). Developing Creativity in Tourist Experiences : A Solution to the Serial Reproduction of Culture ? *Tourism Management*, 27(6): 1209-1223. <http://doi.org/10.1016/j.tourman.> 2017.06.02. 접속검색.

Sheth, Jagdish N. and Can Uslay. (2007). Implications of the Revised Definition of Marketing: From Exchange to Value Creation. *Journal of Public Policy and Marketing*, 26(2): 302-307. <https://doi.org/10.1509/jppm.26.2.302> 2017.10.04. 접속검색.

Smith, M. (2016). *Issues in Cultural Tourism Studies*. New York, NY: Routledge.

Zhang, Buhong and Hui, Zhangyin. (2016). Theoretical Exploration of Tourism, Postmodernity and Reason: With the Discussion of the Tourism Appeal to Neo-Rationalism. *Journal of Service Science and Management*. 9: 83-91.

제5장 지속가능관광과 관광 거버넌스

Barbier, E. B. (1987). The Concept of Sustainable Economic Development.

Environmental Conservation, 14: 101-110.

Brown, B. J., Hanson, M. E., Liverman. D. M. and Merideth, R. W. (1987). Global Sustainability: Toward Definition. *Environmental Management*, 11: 713-719.

Basiago, A. D. (1995). Methods of Defining "Sustainability". *Sustainable Development*, 3: 109-119.

Campbell, S. (1996). Green Cities, Growing Cities, Just Cities?: Urban Planning and the Contradictions of Sustainable Development. *Journal of the American Planning Association*, 62(Summer): 296-312.

Chattiparanib, A. and Kakkaranikal, J. (2012). Responsible Tourism and Sustainability: the Case of Kumarakum in Kerala, India. *Journal of Policy Research on Tourism, Leisure and Events*. 4(3): 302-326.

Cocklin, C. R. (1989). Methodological Problems in Evaluating Sustainability. *Environmental Conservation*, 16: 343-351.

Fabricius, Mike and Goodwin, Harold. (2002). The Cape Town Declaration. International Conference on Responsible Tourism in Destinations. Cape Town, South Africa.

Font, Xavier. (2012). The Unstainability of Sustainable Tourism. *Progress in Sustinable Tourism*. 2.

Goodland, R. and Daly, H. (1996) Environmental Sustainability: Universal and Non-negotiable. *Ecological Applications*, 6: 1002-1017.

Hancock, T. (1993) Health, Human Development and the Community Ecosystem: Three Ecological Models. *Health Promotiom International*, 8(1) :41-47.

Holden, Erling, Linnerud, Kristin and Banister, David. (2014). Sustainable Development: Our Common Future Revisited. *Global Environmental Change*, 26: 130-139.

Leslie, David. (2012). The Responsible Tourism Debate. In Leslie, David. (ed.). *Responsible Tourism: Concept, Theory and Practice*. Washington: CABI. 1-16.

Mihalic, Tanja. (2016). Sustainable-Responsible Tourism Discourse - Towards 'Responsustable' Tourism. *Journal of Cleaner Production*. 111: 461-470.

Munasinghe, M. (1993) Environmental Economics and Sustainable Development. The World Bank. Washington DC.

Purvis, Ben, Mao, Yong and Robinson, Darren. (2019). Three Pillars of Sustainability: in Search of Conceptual Origins. *Sustainability Science*, 14: 681-695.

UN. (2012). The Future We Want. Resolution Adopted by the General Assembly. United Nations. 2012.07.27.

UNEP and WTO. (2005). Making Tourism More Sustainable: A Guide for Policy Makers.

WCED. (1987). *Our Common Future*. World Commission on Environment and Development. Oxford, UK: Oxford University Press.

제6장 기후 변화와 대안관광의 대응

김의근. (2009). 기후 변화와 제주의 관광정책. 「제주발전포럼」, 30(여름): 9-17.

Bauman, Zygmunt. (2008). Liquid Modernity and Power: A Dialogue with Zygmunt Bauman 1. *Journal of Power*, 1(2): 111-130.

Burns, P. M. and Bibbings, L. J. (2009). The End of Tourism? Climate Change and Societal Changes. *21st Century Society*, 4 (1): 31-51.

Daniele, R., Frew, A., Varini, K. and Magakin, A. (2009). Affiliate Marketing in Travel and Tourism. In Höpken, Wolfram, Gretzel, Ulrike, Law, and Rob. (eds.). *Information and Communication Technologies in Tourism*. Wien, Austria: Springer. 343-354.

Dweck, Carol S. (2008). *Mindset : the New Psychology of Success*. New York, NY: Ballantine Books.

Go"ssling, Stefan. (2010). Tourism and Climate Change: Policies for Mitigation and Adaptation. A Paper Presented at Workshop on Sustainable Development Strategies and Tourism, OECD, Paris. 2010.06.10.

Mishev, Plamen and Mochurova, Mikana. (2008). Climate Change Impacts on Tourism. A Paper Presented at International Conference on Global Environmental Change: Challenges to Science and Society in Southeastern Europe. Sofia, Bulgaria. 2008.09.12-21.

Scott, Daniel, Peeters, P. and Go"ssling, Stephan. (2010). Can Tourism Deliver It's "Aspirational" Greenhouse Gas Emission Reduction Targets? *Journal of Sustainable Tourism*, 18(3): 394-408.

Sterner, Thomas. (2007). Fuel Taxes: an Important Instrument for Climate Policy. *Energy Policy*, 35(6): 3194-3202.

UNWTO. (2007). World Tourism Organization, Tourism & Climate Change Confronting the Common Challenges UNWTO Preliminary Considerations. October.

UNWTO-UNEP-WMO. (2008). Climate Change and Tourism: Responding to Global Challenges. <https://www.e-unwto.org/doi/book/10.18111/9789284412341> 2014.07.22. 접속검색.

Zussman, Tracy. (2007). (ed.). The Impact of Tourism on Climate Change: Does Tourism Add to Climate Change? <http://www.eldis.org/go/display&-type=Document&id=43261#.VDcL1WAcTIU> 2014.07.23. 접속검색.

일러두기

이 책은 저자의 다음 논문을 전재, 발췌, 수정, 보완, 참조하는 가운데 완성되었음을 밝힌다.

서문: 대안관광의 논리와 시민사회의 과제

박재창. (2020). 제2장 지구화 시대의 이민정책 . 「지구거버넌스와 NGO」. 서울: HUINE.

_____. (2020). 제4장 지구시민교육과 지구 시민. 「지구거버넌스와 NGO」. 서울: HUINE.

제1편 사회참여 관광과 대안관광

제1장 사회운동으로서의 대안관광

박재창. (2016). 제12장 사회운동으로서의 대안관광과 YMCA. 「한국 YMCA 운동의 진로 I」. 서울: 조명문화사

_____. (2011). 제6장 사회운동과 대안관광의 매개. 박재창 편. 「지구화 시대의 한국시민사회」. 서울: 아르케

Park, Jai Chang. (2011). Mediating Alternative Tourism from the Perspective of Social Movement. A Keynote Address Delivered at the Workshop on Pilgrimages in Search of Truth, Asia-Pacific Alliance of YMCAs, Lalitpur, Nepal, 2011.02.11.

제2장 자원봉사로서의 대안관광

박재창. (2020). 제4장 지구시민교육과 지구 시민. 「지구거버넌스와 NGO」. 서울: HUINE.

_____. (2010). 제3장 뉴 거버넌스와 자원봉사. 박재창 편. 「한국 민주주의와 시민사회」. 서 울: 도서출판 아르케.

_____. (2010). 자원봉사와 뉴 거버넌스. 제4회 전국자원봉사 컨퍼런스 기조발제문. 한국자원봉사협의회. 경기도 청소년 수련원. 2010.08.24.

제3장 시민외교로서의 대안관광

박재창. (2020). 제1장 지구화 시대의 시민외교. 「지구거버넌스와 NGO」. 서울: HUINE.

제2편 특수목적 관광과 대안관광

제4장 후기 근대의 대안관광과 NGO

박재창. (2017). 제23장 GATN과 시민사회의 역량 강화. 「한국 YMCA 운동의 전략 II」. 서울: 조명문화사

_____. (2016). 후기 근대와 창조성, 창조경제정책 그리고 창조행정. 「한국행정포럼」. 152: 5-19.

Park, Jai Chang. (2016). Reinterpretation of GATN as an Instrument for Social Movement. A Keynote Speech Delivered at the GATN Task Force and Mentors Meeting. Yangon YMCA. Yangon, Myanmar. 2016.05.11.

제5장 지속가능관광과 관광 거버넌스

박재창. (2017). 제22장 지속가능관광과 책임관광. 「한국 YMCA 운동의 전략 II」. 서울: 조명문화사

Park, Jai Chang. (2016) Pending Agenads in Transcending ST to RT Today. A Key Note Address Delivered at the Networking on Responsible and Sustainable Tourism. Puri Dalem Hotel, Bali, Indonesia. 2016.09.27.

제6장 기후 변화와 대안관광의 대응

Park, Jai Chang. (2015). Chapter 9. Climate Change and Alternative Tourism. *New Governance: Issues and Challenges*. Seoul: HUINE.

_________. (2014). Alternative Tourism as a Combat Instrument against Climate Change. A Paper Delivered at Conference on Climate Change, Asia and Pacific Alliance of YMCAs, Kuala Lumpur, Malaysia, 2014.10.24.

저자소개

한국외국어대학교 석좌교수(현)

숙명여자대학교 명예교수(현)

숙명여자대학교 정법대학장

미국 뉴욕주립대학교 행정학 박사(의회행정 전공)

(사)한국미래정부연구회 이사장(현)

독일 자유베를린 대학교 훔볼트재단 연구교수

미국 버클리 대학교 정부학연구소 플브라이트 교수

일본 동지사 대학교 정책과학대학원 객원교수

태국 창마이 라찻팟 대학교 방문교수

미국 메릴랜드 대학교 방문교수

한국 행정학회 회장

한국 NGO학회 회장

한국 국제지역학회 회장

한국 정치행정연구회 회장

미국 정치학회 의회연구원

대통령 소속 지방이양추진위원회 (국무총리) 공동 위원장

국무총리실 시민사회발전위원회 위원

부패방지위원회 교육홍보정책자문위원장

국민고충처리위원회 명예 옴부즈만

KOICA 대표 청렴 옴부즈만

아시아 태평양 YMCA 연맹 회장

공선협 집행위원장

시민사회 포럼 대표

지방자치발전실천포럼 공동대표

민주시민교육거버넌스 대표

<주요저서>

[지구 거버넌스와 NGO](2020), [한국의 정치·행정](2019, 편저), [옴부즈만 : 제4부](2019), [한국의 거버넌스](2018, 증보판), [한국의 헌법개정](2018, 편저), [한국의 시대정신](2017), [한국의 국정개혁](2017), [한국YMCA운동의 전략 II](2017), [한국YMCA운동의 진로 I](2016), [Global Alternative Tourism Network](ed.)(2015), [New Governance: Issues and Challenges](2015), [정치쇄신 4.0](2014), [거버넌스 시대의 국정

개조](2012), [Responses to the Globalizing World](2012), [지방분권과 한국시민사회](2012, 편저), [Global Citizenship and Social Movements](ed.)(2011), [지구화 시대의 한국시민사회](2011, 편저), [한국의 거버넌스](2010), [한국민주주의와 시민사회](2010, 편저), [국가와 시민] (2009), [위기의 한국시민사회](2009, 편저), [시민참여와 거버넌스](2009, 공저), [지구시민권과 지구 거버넌스](2009, 편저), [민주시민교육의 전략과 과제](2007, 공편), [지구시민사회와 한국 NGO](2006), [분권과 개혁](2005, 공편), [한국의회윤리론](2005), [한국의회개혁론](2004), [한국의회정치론](2003), [한국전자의회론](2003), [혼돈의 시대, 개혁의 논리](2001), [정부와 NGO](2000, 편저), [이렇게 바꿔야 나라가 산다], (1998), [한국의회행정론](1995), [정보사회와 정치과정](1993, 편저), [오늘의 정치, 내일의 정치](1992), [까마귀 우는 곳에 백로가 가야한다](1991), [열린 세상, 막힌 정치](1991), [의회와 민중](1989), [Legislative Staff in Korea](1986) 외.

대안관광과 NGO

초판 인쇄 2020년 8월 31일
초판 발행 2020년 9월 7일

지은이 박재창
발행인 김인철
총괄·기획 윤성우 Director, University Knowledge Press
편집장 신선호 Executive Knowledge Contents Creator
도서편집 이근영 Contents Creator
사전·전자책 장혜린 Contents Creator
재무관리 하누리 Managing Creator
디자인 우승민 Designer
고승현 Designer
발행처 한국외국어대학교 지식출판콘텐츠원
02450 서울특별시 동대문구 이문로 107
전화 02)2173-2493~7
팩스 02)2173-3363
홈페이지 http://press.hufs.ac.kr
전자우편 press@hufs.ac.kr
출판등록 제6-6호(1969. 4. 30)
디자인·편집 (주)피플커뮤니케이션
인쇄·제본 케이프린텍

ISBN 979-11-5901-794-0 (94340) 정가 23,000원
979-11-5901-244-0 (세트)

*잘못된 책은 교환하여 드립니다.

HU:NE 은 한국외국어대학교 지식출판원의 어학도서, 사회과학도서, 지역학 도서 Sub Brand이다. 한국외대의 영문명인 HUFS, 현명한 국제전문가 양성(International +Intelligent)의 의미를 담고 있으며, 휴인(携引)의 뜻인 '이끌다, 끌고 나가다'라는 의미처럼 출판계를 이끄는 리더로서, 혁신의 이미지를 담고 있다.